广东革命历史博物馆丛书·藏品系列

广东革命历史博物馆藏

革命文物精粹

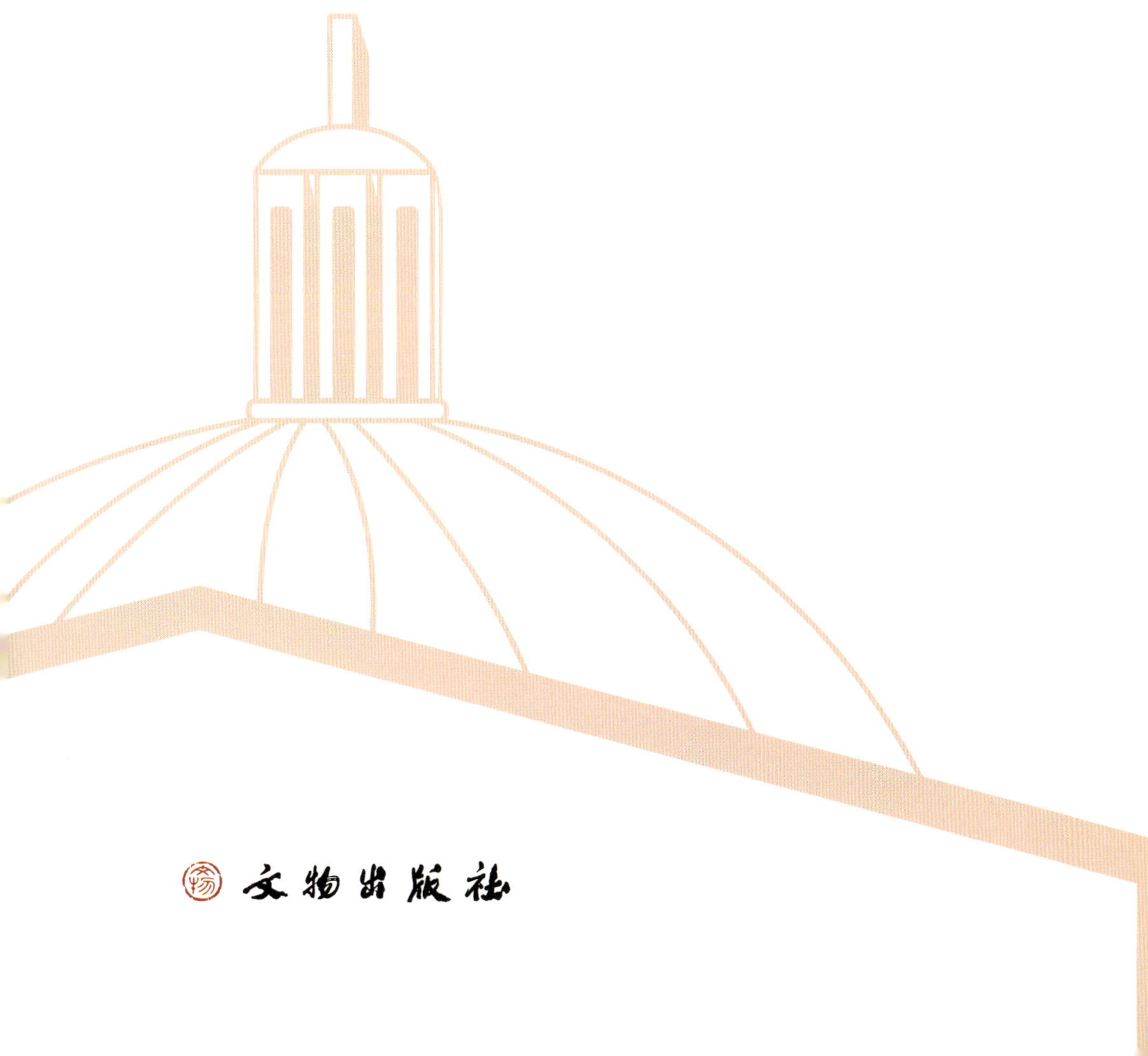

广东革命历史博物馆 编

文物出版社

图书在版编目（CIP）数据

广东革命历史博物馆藏革命文物精粹 / 广东革命历史博物馆编. -- 北京 : 文物出版社, 2024. 12.
ISBN 978-7-5010-8656-6

Ⅰ. K871.6

中国国家版本馆 CIP 数据核字第 2024ZL2315 号

广东革命历史博物馆藏革命文物精粹

编　　者　广东革命历史博物馆
责任编辑　李　睿
特邀编辑　老嘉琪　刘美瑜
责任印制　张　丽
装帧设计　佘艳敏
制作统筹　广州六字文化传播有限公司 Guangzhou Liuyu Culture Communication Co., Ltd
出版发行　文物出版社
地　　址　北京市东城区东直门内北小街 2 号楼
邮　　编　100007
网　　址　http://www.wenwu.com
印　　刷　广州市岭美文化科技有限公司
经　　销　新华书店
开　　本　889mm × 1194mm　1/16
印　　张　12.75
版　　次　2024 年 12 月第 1 版
印　　次　2024 年 12 月第 1 次印刷
书　　号　ISBN 978-7-5010-8656-6
定　　价　268.00 元

广东革命历史博物馆丛书编委会

主　任：易西兵

副主任：李　岚　　谢　莹

委　员（以姓氏笔画为序）：

苏爱荣　　杨　琪　　赵立彬　　钟剑峰　　黄建华　　曾庆榴

《广东革命历史博物馆藏革命文物精粹》

主　　编：李　岚

副 主 编：段玉芳　　刘思佳

撰　　稿：刘思佳　　彭　浩　　肖辉栋

文保支持：苏爱荣　　陈春梅　　王雨田　　张红玉

文物摄影：刘谷子

目录

概　述

革命文物凝结着中国共产党的光荣历史，展现了近代以来中国人民英勇奋斗的壮丽篇章，是革命文化的物质载体，是激发爱国热情、振奋民族精神的深厚滋养。

广东革命历史博物馆成立于1959年，现下辖广州公社旧址、中华全国总工会旧址等4处不可移动革命文物，也是广东省内收藏可移动革命文物数量最多的博物馆。为贯彻落实习近平总书记关于革命文物保护利用重要指示批示精神，在建馆65周年之际，广东革命历史博物馆综合考量文物等级、文物价值、观赏性、历史代表性等标准，从馆藏28592件（套）文物中精选95件（套）革命文物，编撰本图录，将深藏库房的文物与公众分享，以期加强文物基础研究，活化文物利用，进一步提升博物馆的公共服务水平。

多年来，广东革命历史博物馆以广东革命史和广州近现代史为中心，以收藏、保护、传承、弘扬中华优秀传统文化及革命文化成果为宗旨使命，持续征集1840年鸦片战争以来，反映广东革命历史、改革开放史、社会主义发展史，以及近代以来广州经济、政治、社会、文化、城市发展面貌的具有重要价值的文物或代表性见证物。广东革命历史博物馆的革命文物具有如下特点：

（一）建立了完善的革命历史藏品体系，藏品延续年代长、数量众多、种类齐全、体系完整。藏品涵盖了近现代广东人民反帝反封建斗争和争取国家独立、民族解放斗争的历史，如三元里抗英、太平天国运动、辛亥革命、国共合作、广州起义、广东抗战、广东解放等内容。其中黄埔军校、广州起义、广东抗战、广东解放等相关藏品因数量多、种类齐全又自成系列，成为广东革命历史藏品体系下的子系列。

（二）地域特色明显。馆藏革命文物包括反映1840年鸦片战争以来广东、广州革命历史的文物、资料，包括历史上属于广东地区行政区域管辖的下属各地区，如海南等地革命历史的文物、资料，有明显的地域特色。

（三）具有重要的纪念意义、教育意义和史料价值。作为重大历史事件的载体，革命文物包含着社会经济、政治、军事等各种信息和知识，可以证实、补充、订正文字史料，是研究广东革命史乃至中国革命史的重要资料。如本图录中选入的广州起义标语、怀表、红布带等藏品均为国家一级文物，是中国共产党挽救中国革命、创建人民军队的重要见证物，具有很高的历史价值。

根据《国家文物局关于报送革命文物名录的通知》，革命文物主要是指见证近代以来中国人民抵御外来侵略、维护国家主权、捍卫民族独立和争取人民自由的英勇斗争，见证中国共产党领导中国人民进行新民主主义革命和社会主义革命的光荣历史，并经认定登记的实物遗存。为突出广州作为中国近现代大门的重要意义，图录以现矗立在广东革命历史博物馆正门左右两侧的鸦片战争时期大炮开篇，时间跨度从鸦片战争至中华人民共和国成立前后，涵盖广州起义、工人运动、农民运动、妇女运动、抗日战争、解放战争等主题和重大历史事件，包括一级文物8件、二级文物30件；文物类型包括文献手稿、单据、书刊、传单、名片、证章、武器装备、生活用品等多种类型。

编撰体例方面，图录按文物关联的历史事件排序，突出革命文物时代特色鲜明、政治属性和历史属性合一的特点。报纸期刊类延续时间较长的，依创刊号时间进行排序。每件（套）文物分“文物基础信息”“文物历史”“文物价值”三个方面进行论述。文物基础信息包括尺寸、材质、年代、级别、入藏来源、文物现状等情况；文物历史注重深入挖掘革命文物承载着的中国革命的伟大历程、党和人民英勇奋斗的光荣历史，突出革命文物作为弘扬革命文化和传承革命精神的生动教材的重要作用；文物价值则简述文物的历史背景及重要意义，加强文物价值传播。文献期刊类文物，对于馆藏期数较多、时间跨度较长的，在介绍期刊总体情况的基础上，选取最具代表性的一两期进行重点介绍。另因为有些文物破损，原文无法识读， 我们用“□”标示，具体缺字数量不详的，我们用“〼”标示；亦有个别文物因收藏较早无法核实入藏时间，故未有标示入藏时间。

习近平总书记强调，要切实把革命文物保护好、管理好、运用好，发挥好革命文物在党史学习教育、革命传统教育、爱国主义教育等方面的重要作用，激发广大干部群众的精神力量。近年来，广东革命历史博物馆以习近平文化思想为引领，在藏品研究、陈列展示和宣传教育工作上不断探索，致力于红色历史文化资源的创造性转化和创新性发展，这既是我们的职责，也是我们的光荣使命。愿以本书为桥梁，讲好革命文物中的红色故事，弘扬革命精神，传承红色基因。

1836年 威远炮台铁炮

炮身长 230 厘米，口径 14.2 厘米

铁质

未定级

调拨

铁炮重6000斤，属前膛炮。其操作方法是从炮口装填火药和铁弹，从尾部火眼点燃引线。炮脊铸有阳文字符铭文83个字：

> 道光十六年□月／兵部尚书两广总督部堂邓／广东全省水师提督军门关制／督标中协达／广州协镇郭监造／署增城参将洪发科／署广州协镇左营中军都□侯题游击黄廷彪／炮重六千斤／禅山炉户李陈霍等制造

从铭文确证其为清道光十六年（1836）广东水师提督关天培等监制、佛山李陈霍等用生铁铸造。该炮为虎门抗英战争期间威远炮台遗物。

关天培(1781—1841)，字仲因，号滋圃，江苏淮安人。清代爱国将领、抗英民族英雄。自幼读书，20岁弃文习武。1803年考中府武庠生，被任命为漕督右营把总。1826年海运漕米有功，升任苏淞镇总兵，署江南提督。1834年升任广东水师提督，在广州协助林则徐禁烟。1841年2月26日，关天培在英军进攻虎门炮台时率领守炮台的士兵与敌人浴血奋战，以身殉国，终年60岁。

威远炮台位于珠江出海口的穿鼻洋北武山脚下、南山炮台前滩岩石正中，和镇远、靖远两炮台形成“品”字，并与横档、永安、巩固等炮台构成鸦片战争时期虎门海防的第二重门户。威远炮台总共安炮40门，曾是潮州总兵李廷钰和守军于1841年1—2月份与英国侵略者浴血奋战的地方，是虎门海口防务的主要阵地，也是中国保留得最完整、最有规模的古炮台之一。

20世纪50年代初，驻威远海军将铁炮从威远炮台遗址的海滩打捞起来，现安置在广东革命历史博物馆门前。它是鸦片战争期间中国人民英勇抗击英军的历史证据。

1838年 四方炮台铁炮

炮身长 295 厘米，口径 13 厘米

铁质

未定级

20 世纪 80 年代初调拨

铁炮重5000斤。炮身上方距后端8厘米处，有一引火发炮的小孔，炮耳、炮膛以及引火器均被英军所毁。炮身上面阴刻“NO. 28”“38·3·14”字样，记载着该炮编号为第28号，1838年3月14日铸造。这门铁炮由德国克虏伯厂铸造，第一次鸦片战争前夕，林则徐筹办海防时从欧洲买回。

四方炮台遗址位于蟠龙岗顶上，原名永宁炮台、永康炮台，始建于清顺治十年（1653）。炮台长、宽均为48米，高7米，因炮台呈四方形故俗称四方炮台，是广州城北诸炮台中的核心主力炮台。

四方炮台在第一次鸦片战争时被英军占领作为司令部。1841年5月31日，三元里一带103个乡和番禺、南海、增城、从化等地数万群众包围四方炮台，次日英军被迫撤出广州。英军在撤出时，把炮台拆毁了，后经修复正常使用。第二次鸦片战争时，炮台又遭到严重破坏，仅存地基。现存的“永宁台”石碑为2002年挖掘出土后重立。

1959年，有关部门在清理四方炮台遗址时发掘出这门铁炮，20世纪80年代初移放到广东革命历史博物馆正门前。铁炮是第一次鸦片战争广州人民英勇抗击英军的历史证据，是研究第一次鸦片战争的珍贵实物资料。

1899年 遂溪人民抗法斗争中用过的铁炮

长 158 厘米，口径 20 厘米

铁质

三级文物

1959 年购买

铁炮是1899年遂溪县黄略村群众抵抗法国侵略者时使用的武器。

1898年3月11日，法国向清政府提出“租借”广州湾（今广东湛江）的无理要求，并于4月22日派出军舰在遂溪县的海头汛（今属霞山区）武装登陆，强占海头炮台。法军入侵后，四处烧杀掳掠，妄图扩大“租借”范围。侵略者的野蛮暴行激起了当地百姓的极大愤慨。

1898年6月19日，南柳、海头、绿塘、洪屋等村聚集民众500多人，在吴邦泽等的率领下首揭抗法义旗，歃血誓师，以大刀、长矛、木棍等为武器，攻打占领广州湾的法国侵略者。尔后，抗法斗争风起云涌，广州湾人民在代理知县李忠珏的支持下成立抗法团练，与敌战斗十余次，数次打退装备精良的敌人。

但是，清政府却向法国侵略者节节退让。1899年11月16日，钦差大臣苏元春与法国海军提督高礼睿签订了丧权辱国的《中法互订广州湾租界条约》，把广州湾租借给法国，期限99年。

面对法国侵略者的侵占，广州湾居民等进行了坚强不屈的斗争。慑于湛江人民的反抗，法国侵略者不得不将租界西线从万年桥（今遂溪县新桥糖厂附近）退至赤坎西面的文章河桥（今寸金桥），租界范围从纵深一百几十里缩小至三十里。

这门民间铸造的土炮，是湛江人民在当年斗争中使用过的，它向后人展示了中华民族不甘屈服、反抗外来侵略势力的顽强精神。

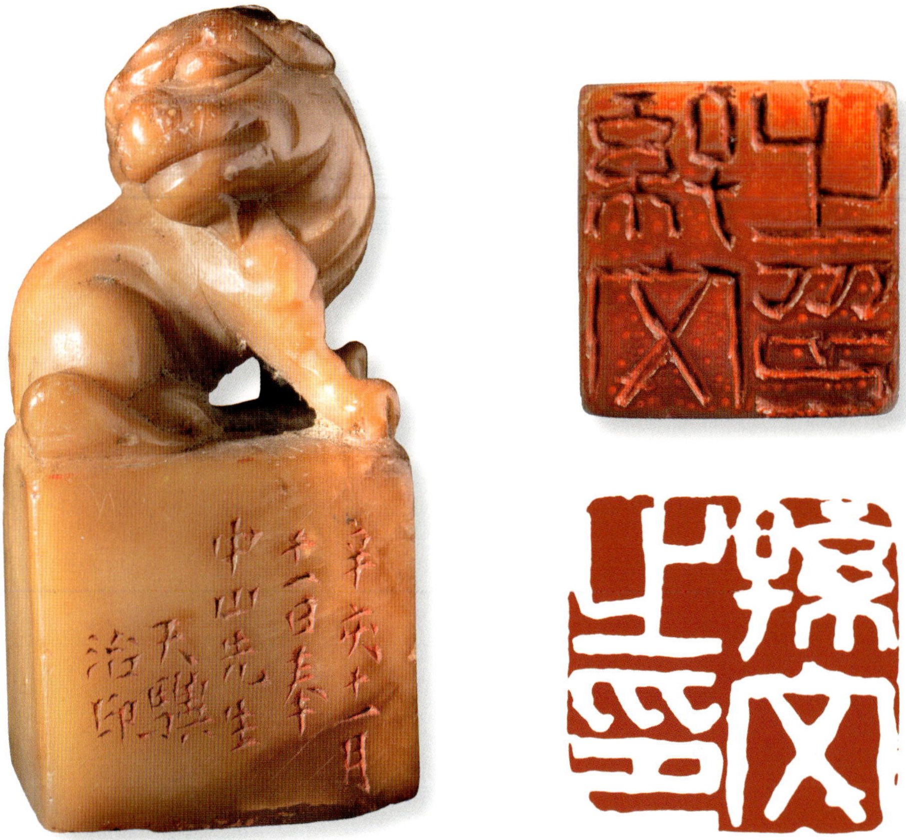

1911年 **孙文图章**

长 2.3 厘米，宽 2.3 厘米，高 4.8 厘米

石质

二级文物

1959 年入藏

图章印面镌刻篆文“孙文之印”四字，章柱左壁刻有“辛亥十一月十一日奉中山先生　天骥治印”字样。从印上文字看，此印为1911年11月11日杨天骥送给孙中山的印章。章顶雕刻一狮子，做蹲坐式，前肢半屈，后肢盘屈，狮头扭向右边。

孙中山（1866—1925），名文，字载之，号日新，又号逸仙，又名帝象，化名中山樵，广东香山（今中山）人。1894年，孙中山在檀香山创立兴中会。1905年，成立中国同盟会。1906—1911年，同盟会在华南各地组织多次武装起义，孙中山为起义制定战略方针，并在海外奔走，为起义筹募经费。1911年10月10日武昌起义胜利后，孙中山被推举为中华民国临时大总统（任期1912年1月1日—1912年4月1日）。

孙中山是伟大的民族英雄、伟大的爱国主义者、中国民主革命的伟大先驱，中华民国和中国国民党的缔造者，三民主义的倡导者。他首举彻底反帝反封建的旗帜，“起共和而终两千年封建帝制”。1940年，国民政府通令全国，尊称其为“中华民国国父”。

杨天骥（1882—1958），字千里，别号茧庐、东方等，江苏吴江人。1899年就读于上海南洋公学。毕业后曾任上海澄衷学堂国文教员，其间兼任《民呼》《民立》报主笔及编辑。后至北平（今北京），历任北洋政府教育、外交、司法等部参事及秘书职。1917年赴广东，任护法国会参议员，后加入中国国民党。1920年北上任国务院秘书。1922年12月任国务院参事。1936年脱离政界，钻研书法金石。抗战期间，在香港从事文化活动。抗战胜利后，隐居上海、苏州。新中国成立后，由柳亚子介绍加入中国国民党革命委员会。著有《茧庐吟草》《茧庐长短句》《茧庐印痕》《茧庐治印存稿》等。

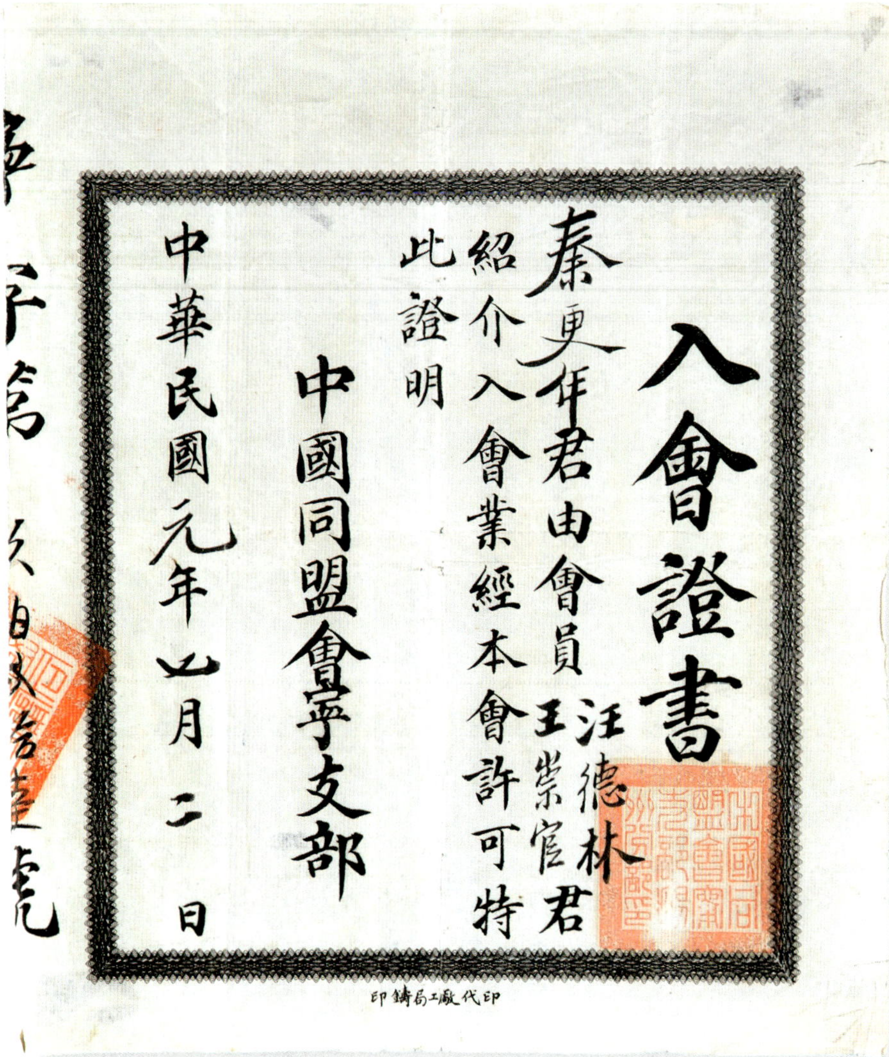
入會證書
秦更年君由會員汪德林王崇官君紹介入會業經本會許可特此證明
中國同盟會寧支部
中華民國元年四月二日
印鑄局工廠代印

1912年 秦更年中国同盟会入会证书

长 26 厘米，宽 23 厘米

纸质

三级文物

1987 年接受捐赠

证书单页，胶版纸，黑墨印刷，白底黑字，毛笔填空，钤印套红。证书完整。此入会证是按统一规格印制，用楷书填写入会人、介绍人姓名和时间。具体内容是：

入会证书

秦更年君由会员汪德林、王崇官君绍介入会，业经本会许可，特此证明。

中国同盟会宁支部

中华民国元年七月二日

证书右下角盖有篆书“中国同盟会宁支部扬州分部印”。证书周围有花边，在花边外之左侧有存根号“宁字第玖佰贰拾陆号”，并盖印鉴。由于此入会证不带存根，所以文字及印鉴均存半截。证书底部注明“印铸局工厂代印”。

秦更年（1885—1956），原名松云，字曼青、曼卿，号婴闇。江苏扬州人。清末民国诗人、学者、藏书家、出版编辑家、书画家。早年曾在扬州参加文学团体冶春后社。自清末开始，先后担任广州大清银行、长沙矿业银行及中国银行文书主任、中南银行总行总务课长。1912年7月2日在南京加入中国同盟会。1925年参与发起成立中国图书刊传会。中华人民共和国成立后，任上海文史馆馆员。著有《汉延熹西岳华山庙碑续考》《婴阁诗存》《砚史简端记》等。

该入会证书是研究辛亥革命后同盟会历史的重要物证。

1912年 广东军政府颁发的革命军功牌

长 6.5 厘米，宽 4 厘米

铜质

二级文物

1972 年接受捐赠

军功牌正面中间铸有“革命军功牌”五字；正上方是十八星旗旗徽，正下方铸有“中华民国元年”字样；左上角是中华民国十八星旗，代表全国18个省；右上角是五色旗，表示汉、满、蒙、回、藏五族共和；左侧方框留空；右侧方框由上而下依次是“喜上眉梢”（喜鹊和梅花）、“鹿衔灵芝”图案，寓意吉祥。牌背面无图文，仅有正面图文压痕。

广东军政府是辛亥革命后在广东建立的省级资产阶级革命政权。1911年10月武昌起义取得胜利，进而引起全国革命的总爆发。11月上旬，贵州、江苏、浙江、安徽等省先后独立。11月8日，岭南名士江孔殷约同广东咨议局副议长丘逢甲发出通知，召集各界各团体代表到广东咨议局参加集会。会议顺利召开，参会者千余人，两广总督张鸣岐亦派代表出席。大会通过广东独立、重新组建政府以及成立议事、行政机关等决议。行政机关以张鸣岐为临时都督，龙济光为副都督；港澳以及广州各民间团体选派不少于五人组成议事机关。11月9日，社会各界人士再次在咨议局举行典礼，宣布独立。因张鸣岐已于头一天晚上逃往沙面避匿，龙济光也未就任副都督职，胡汉民被大家推举为都督。会议作出了有关广东独立的十条决议，表示欢迎革命党组织政府及临时机关，宣布共和独立，广东军政府正式成立。

1911年11月17日，各界代表增选陈炯明为副都督，黄士龙为参都督。胡汉民以都督名义，委任军政各部部长（后改为司）。广东军政府废除了原来的府、直隶州及州、厅的建制，将全省划分为6道。清王朝在广东的封建专制统治终结。

革命军功牌是广东军政府于民国元年（1912）表彰在辛亥革命期间为广东光复作出贡献的人员而颁发。军功牌有银、铜等质地，上面一般刻有被褒奖人名字。这块军功牌于1972年从广州轧延厂征集而来，且刻名处留空，推测应为军功牌模具，是辛亥革命的珍贵历史见证。

1912年 **广东军政府颁发的“绩懋军储”勋章**

通长 4 厘米，宽 4 厘米

铜质

二级文物

1972 年入藏

该勋章为九角星形，上有鼻纽穿系小孔。勋章正面居中铸有“中华民国广东军政府勋章”字样。背面为中华民国五色旗和铁血十八星旗，两旗相交；上下两角铸有“绩懋军储”四字。“绩懋”为功绩盛大的意思，“军储”是指粮秣等军需物资，即军饷。

广东光复后，首先碰到的是财政上的困难。原清廷两广总督张鸣岐等人席卷库银逃亡，广州全城官库仅剩银币1万余元。加上民军云集广州，军饷及各项费用支出巨大，财政异常困难。这个难题主要是通过香港商人、各地华侨和广州商民捐助款项的办法解决的。当时，参加军政府组织工作的香港同胞李煜堂、杨西岩、邓仲泽等30余人，为筹募军政府经费，组成港侨筹饷局，筹得款项300余万元，稳定了广东革命局势。

广东军政府于民国元年(1912)给筹饷有功的筹饷局人员颁发“绩懋军储”勋章。1929年，国民政府建“光复纪念坊”纪念此事(位于今越秀山镇海楼东侧山坡上)。1938年，牌坊被侵华日军拆毁破坏。1948年，原筹饷局人员邓仲泽等人提议国民政府在原址建设光复纪念亭。原牌坊残存石刻分嵌于纪念亭内外。亭内东西两侧嵌有原广东财政司司长李煜堂撰写的《粤秀山上光复纪念石坊跋语》，详细记载了港侨为广东军政府筹饷的经过。

1972年广州市文管会鉴定人员到广州轧延厂，在将要回炉的废铜堆中拣选出来这枚勋章。它是记录香港同胞和海外华侨支持广东革命运动的重要历史物证。

1912年 华侨炸弹队热心祖国纪念章

通长 4.4 厘米，宽 4.4 厘米

银质

二级文物

2011 年购买

纪念章总体呈放射光芒的太阳形状，背面有扣针。中央圆圈内铸字，中间为“热心祖国纪念”，上部为“华侨炸弹队”，下部为“民国元年”。圆圈外为18条射线，长短线相间平均散布。背面扣针下部铸有“庆云”二字。

清末，海外华侨大力支持革命事业，曾组建敢死队、炸弹队等回国参与各地起义。武昌起义后，东南亚广大华侨闻风而动，许多华侨青年主动返国，参加孙中山领导的革命队伍。百余人陆续在香港集会，成立了一支华侨炸弹队，拟进攻广州。因广州清军很快反正，即改为北伐华侨炸弹队，编入姚雨平总司令率领的广东北伐军队伍，公推梅县籍华侨周辉甫之子周达为队长。

北伐军至南京后，周达因不慎触发炸弹而殉难，全队推其父周辉甫任队长，“父袭子职”在北伐军队伍中一时传为佳话。后来又将队改为营，合计原有官兵及以后加入者达300多人。营中官兵三分之二为梅县籍和大埔籍。在北伐作战中，这支队伍作战英勇，立功甚伟。

1912年4月，广东北伐军改编为第四军，炸弹营队员有些回南洋，有些留在部队，有些则脱离军队回广东自行谋职。

该纪念章是辛亥革命时期华侨心系祖国，为革命作出重大贡献的历史物证，是研究近代华侨史的重要实物资料。

①

②

1916年 杨仙逸的飞行证书

① 水上飞机飞行证书长 10.08 厘米，宽 7.5 厘米，
② 普通飞机飞行证书长 10.08 厘米，宽 7.5 厘米

纸质

二级文物

1997 年接受捐赠

FÉDÉRATION AÉRONAUTIQUE INTERNATIONALE

AERO CLUB OF AMERICA

Hydroplane Pilot's Certificate No. 62

The above-named Club, recognized by the Fédération Aéronautique Internationale, as the governing authority for the United States of America, certifies that

Sen Yet Young

born 6th day of September 1893 has fulfilled all the conditions required by the Fédération Aéronautique Internationale for an hydraeroplane pilot, and is brevetted as such.

Dated November 29 1916

Alan R. Hawley
President.

William Hawley
Secretary.

Signature of pilot: Sen Yet Young

①

FÉDÉRATION AÉRONAUTIQUE INTERNATIONALE

AERO CLUB OF AMERICA

No. 600

The above-named Club, recognized by the Fédération Aéronautique Internationale, as the governing authority for the United States of America, certifies that

Sen Yet Young

born 6th day of September 1893 has fulfilled all the conditions required by the Fédération Aéronautique Internationale, for an aviator pilot, and is brevetted as such.

Dated October 4th 1916

Alan R. Hawley
President.

William Hawley
Secretary.

Signature of pilot: Sen Yet Young

②

飞行证书共有两本，一本为水上飞机飞行证书，一本为普通飞机飞行证书。

水上飞机飞行证书封面为深绿色，共4页。封面印有“FEDERATION AERONAUTIQUE INTERNATIONALE”（国际航空联合会）、“AERO CLUB OF AMERICA”（美国航空俱乐部）、“Hydraeroplane Certificate”（水上飞机证书）等英文。证书第1页的内容翻译如下：

国际航空联合会

美国航空俱乐部

水上飞机飞行员驾驶证第62号

兹由业经国际航空联合会认可的美利坚合众国主管机构美国航空俱乐部证明：

生于1893年9月6日的杨仙逸业已满足国际航空联合会对水上飞机飞行员所要求的全部条件，并被授予水上飞机飞行员资格。

日期：1916年11月29日

主席：艾伦·R·霍利

秘书：威廉·霍利

证书第2页为杨仙逸照片和飞行员英文签名“sen yet young”，照片加盖发证单位钢印“AERO CLUB OF AMERICA SEAL”（美国航空俱乐部印）。

证书第3、第4页内容翻译如下：

敬请政府、海军、陆军官员，包括警方，对持本证者给予帮助。

分别用英、法、德、意、俄五国文字书写。

另一本普通飞机飞行证书封面为黑色，共4页。其内容和规格与水上飞机飞行证书大同小异。封面内容为“FEDERATION AERONAUTIQUE INTERNATIONALE”（国际航空联合会）、“AERO CLUB OF AMERICA”（美国航空俱乐部）、“Aviator's Certificate”（飞行员证书）。证书第1页内容翻译如下：

国际航空联合会

美国航空俱乐部

第 600 号

兹由业经国际航空联合会认可的美利坚合众国主管机构美国航空俱乐部证明：

生于 1893 年 9 月 6 日的杨仙逸业已满足国际航空联合会对飞机飞行员所要求的全部条件，并被授予飞机飞行员资格。

日期：1916 年 10 月 4 日

主席：艾伦 · R · 霍利

秘书：威廉 · 霍利

证书第 2、第 3、第 4 页内容与水上飞机飞行证书相同。

杨仙逸（1891—1923），字学华，号铁庵，广东香山（今中山）人，生于檀香山。早年就读于夏威夷大学、加利福尼亚哈里大学机械专修科，毕业后入纽约茄弥斯大学航空科学习飞机制造与驾驶，这两本飞行证书是他在茄弥斯大学毕业后由美国航空俱乐部颁发的。

1917 年，杨仙逸回国，组织国民党飞行队并任空军队长。1919 年到福建漳州任援闽粤军飞机队队长。1922 年 12 月任广东航空局局长兼飞机制造厂厂长。1923 年制造中国第一架飞机，指挥飞机队讨伐陈炯明叛军。9 月 20 日在惠州前线检查水雷时因水雷爆炸殉难。27 日孙中山下令追赠其为陆军中将。遗体安葬在广州黄花岗七十二烈士墓东侧的三望岗，墓碑是孙中山手书的“杨仙逸先生墓”六个大字。

1984 年广东航空联谊会名誉会长、杨仙逸之子杨添蔼将保存多年的先父遗物委托给副会长邹耀坤。1997 年广东革命历史博物馆为筹备《近代广州》基本陈列向社会征集文物时，邹耀坤捐赠。杨仙逸是中国革命空军之父，被孙中山赞誉为“志在冲天”的飞将军。这两本飞行证书记录了杨仙逸早期学习飞机驾驶的经历，是研究中国航空发展史的重要实物资料。

1916年 云南都督府制拥护共和纪念章

直径 3.8 厘米

铜质

二级文物

1968 年接受捐赠

纪念章为圆形，部分生锈，缺吊链，吊环断。章正面上方椭圆形处应是孙中山像，但已看不清。孙中山像下两边是飘扬的五色旗，代表汉、满、蒙、回、藏五族共和；中下方有“拥护共和纪念”字样；左边是一只鸡，表示啼醒全国人民起来反对袁世凯的独裁统治；右边是一匹马，表示向袁世凯进军讨伐。章背面有“民国五年六月，云南都督府制”字样，有胶印。

1911年辛亥革命后，各省相继成立军政府，其首脑称为都督，掌管一省军政大权。1912年，袁世凯窃取了中华民国临时大总统职位，并于1915年12月12日称帝。蔡锷从北京潜回云南，会同唐继尧、李烈钧于1915年12月25日宣布云南独立，并组织护国军讨袁，护国战争爆发。袁世凯复辟行径不得人心，北洋军队人心涣散，节节败退。1916年春，贵州、广西、广东先后独立，脱离袁世凯政府。袁世凯被迫于3月取消帝制。6月6日，袁世凯忧惧而死。护国战争取得了胜利。

“拥护共和纪念章”是在护国运动胜利后，云南都督府制造并颁发给护国战争中表现英勇的将士的奖章。该纪念章反映了全国人民对袁世凯复辟帝制的抵制，是研究反袁战争、护国运动、云南起义等历史事件的重要实物资料。

1918年 彭湃、陆精治、黄霖生合影

长 13.5 厘米，宽 9 厘米

纸质

三级文物

1959 年调拨

该合影照片中三人并排而坐，中为南海陆精治，右为海丰彭湃，左为台山黄霖生。三人同为粤籍留日学生，均臂缠黑纱。照片上方有手书文字：

> 民七中日军事亡国协定被迫签订之日，特合撮此“国丧纪念”照片以示国仇之不忘。
>
> 陆精治志于东京帝大农学部

1918年5月16日，日本派陆军少将斋藤季治郎与段祺瑞政府代表靳云鹏在北京秘密签订《中日陆军共同防敌军事协定》，共12条；5月19日签订《中日海军共同防敌军事协定》；9月6日又签订《关于中日陆军共同防敌军事协定实施上必要之详细协定》。这三个卖国协定均遭到中国人民的坚决反对。照片中彭湃、陆精治、黄霖生三名粤籍留日学生在这一天臂缠黑纱拍照留念，就是反对这三个丧权辱国的军事协定，以表达不忘国仇之意。

彭湃（1896—1929），原名彭汉育，广东海丰人，出身于工商地主家庭。1917年夏去日本求学，入成城高等预科学校学习日语和补习课程。1918年9月，考入早稻田大学专门部三年制政治科。1919年加入建设者同盟，不久又加入劳动者同情会。1920年在东京发起组织赤心社，11月加入由日本人和朝鲜人在东京发起组织的戈思摩俱乐部。1921年5月，彭湃回国不久后加入中国社会主义青年团，并加入中国共产党。1924年6月，在广州创办农民运动讲习所，并先后担任第一、第五届农讲所主任。1927年10月，在广东海陆丰地区领导武装起义，建立了海丰、陆丰县苏维埃政府。1929年8月30日，在上海龙华英勇就义，年仅33岁。2009年9月，彭湃被评选为“100位为新中国成立作出突出贡献的英雄模范人物”。

陆精治，出生年月不详，广东南海人，粤籍留日学生。生平不详，著有《中国民食论》《实用养鲤法》等。

黄霖生，出生年月不详，广东台山人，粤籍留日学生。曾任国民政府驻日留学生监督、国民政府考试院考选委员会科长、甲种商业学校校长等职。

该合影是粤籍留日进步学生反抗侵略、不忘国仇的历史物证，也是研究彭湃早年革命经历的重要实物资料。

1920年《劳动者》第一号

长 19 厘米，宽 12.8 厘米

纸质

三级文物

20 世纪 60 年代购买

《劳动者》为周刊，1920年在广州创刊，共出版了八号。广东革命历史博物馆收藏有第一、第三、第五号。《劳动者》第一号出版于1920年10月3日，共41页，内含《劳动者呵》《外围劳动运动的趋势》《劳动者要告》等内容。

《劳动者》是五四运动时期共产国际派来的代表米诺尔、别斯林以苏俄政府代表的名义出资，广东共产党早期组织主办的通俗工人刊物，与上海的《劳动界》、北京的《劳动音》并誉为劳工兄弟刊物。主编梁冰弦，编辑刘石心，主要撰稿人有黄凌霜、薛剑耘、傅无闷等。该刊第一至五号由广州第七甫《天民报》，第六至八号由《广东群报》总经售。《劳动者》第一至八号发表的文章、调查报告、要告、通告共74篇。

《劳动者》创办的目的是促进工人的组织团结，给工人提供一个言论阵地，让工人“知道他们所应晓得的道理”。该刊不分栏目，以大量篇幅报道国内工人运动，歌颂劳动神圣和劳工伟大；用朴素的语言向工人群众宣传马克思主义的基本思想和俄国十月革命的经验和新经济政策；阐述劳动创造世界、工人是未来的主人和工人阶级的历史使命等问题。在对工人进行阶级教育、团结教育等方面起了一定作用。该刊连载了四期的《劳动歌》，其内容为中国最早的《国际歌》原始歌词译文，标志着《国际歌》第一次传入中国。

这本《劳动者》第一号是研究广州民国时期报刊的重要实物资料，也是研究马克思主义在中国早期传播的重要资料和物证。

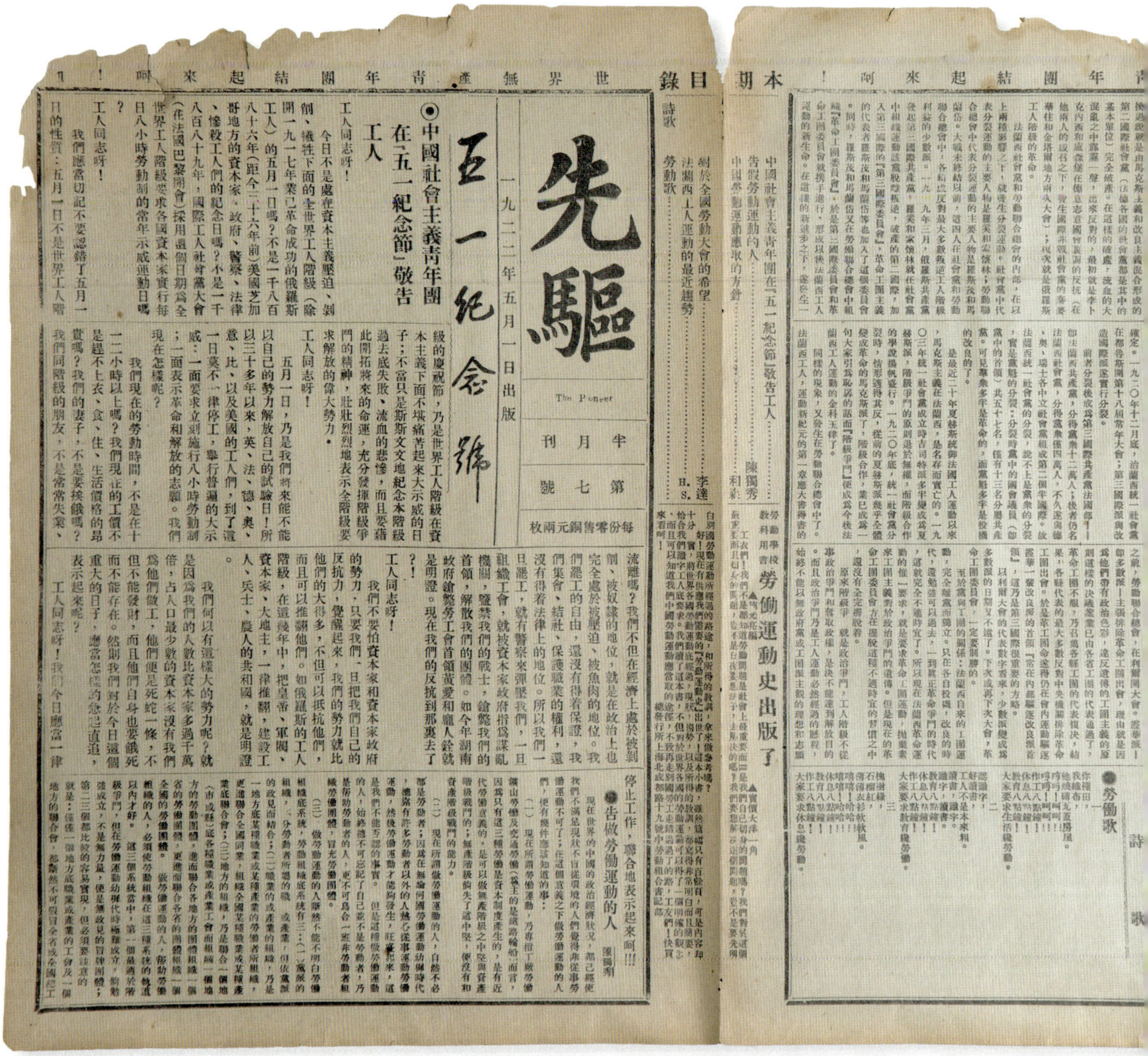

1922年《先驱》第七号（五一纪念号）

长 37.6 厘米，宽 52.8 厘米

纸质

二级文物

2016 年购买

《先驱》是半月刊，一期四版。第七号作为“五一纪念号”，刊登了社论《中国社会主义青年团在“五一纪念节”敬告工人》和陈独秀、蔡和森、李达的署名文章，对五一节和劳动运动进行说明，并以中国社会主义青年团的名义号召工人联合起来，反抗压迫。因年代久远，且流转中保存失当，纸张已发黄发脆，边角缺损，中间折痕线上有多个装订孔，折痕线上端裂开。

1922年1月15日，《先驱》从创刊号至第三号，由北京共产党早期组织编辑出版，刘仁静和邓中夏任主编，承担起宣传和领导青年革命运动的历史使命。由于北洋当局封禁，《先驱》自第四号起转移至上海，由中国社会主义青年团临时中央局主办。1922年5月中国社会主义青年团第一次全国代表大会召开后，《先驱》自第八号起改由大会选出的团中央执行委员会主办，由此成为团中央的第一个机关刊物。1923年8月15日，由于内外环境的限制，《先驱》在出版第二十五号后停刊。

在短短一年半时间里，《先驱》汇集陈独秀、邓中夏、蔡和森等革命领袖执笔，传播马克思主义，介绍国际共产主义运动和国内外青年运动情况，号召并指导青年投身革命，宣传中国共产党的政治主张，刊发团中央的文件和建设活动，促进了青年的思想觉醒，为中国共产党领导的民主革命培养了众多青年人才，也为日后共青团的组织活动打下了坚实基础。

《先驱》发行之时，正值《共产党》停刊、《新青年》休刊、《向导》尚未出版之际，有利的发行时机使《先驱》成为宣传中国共产党政治主张的重要平台。1922年5月1日发行的《先驱》第七号，以“五一纪念号”的形式，汇集了众多中国共产党早期领导人的文章，这些文章均以中国社会主义青年团的名义发表，对研究中国共产党及中国社会主义青年团早期工人运动主张具有重要价值。

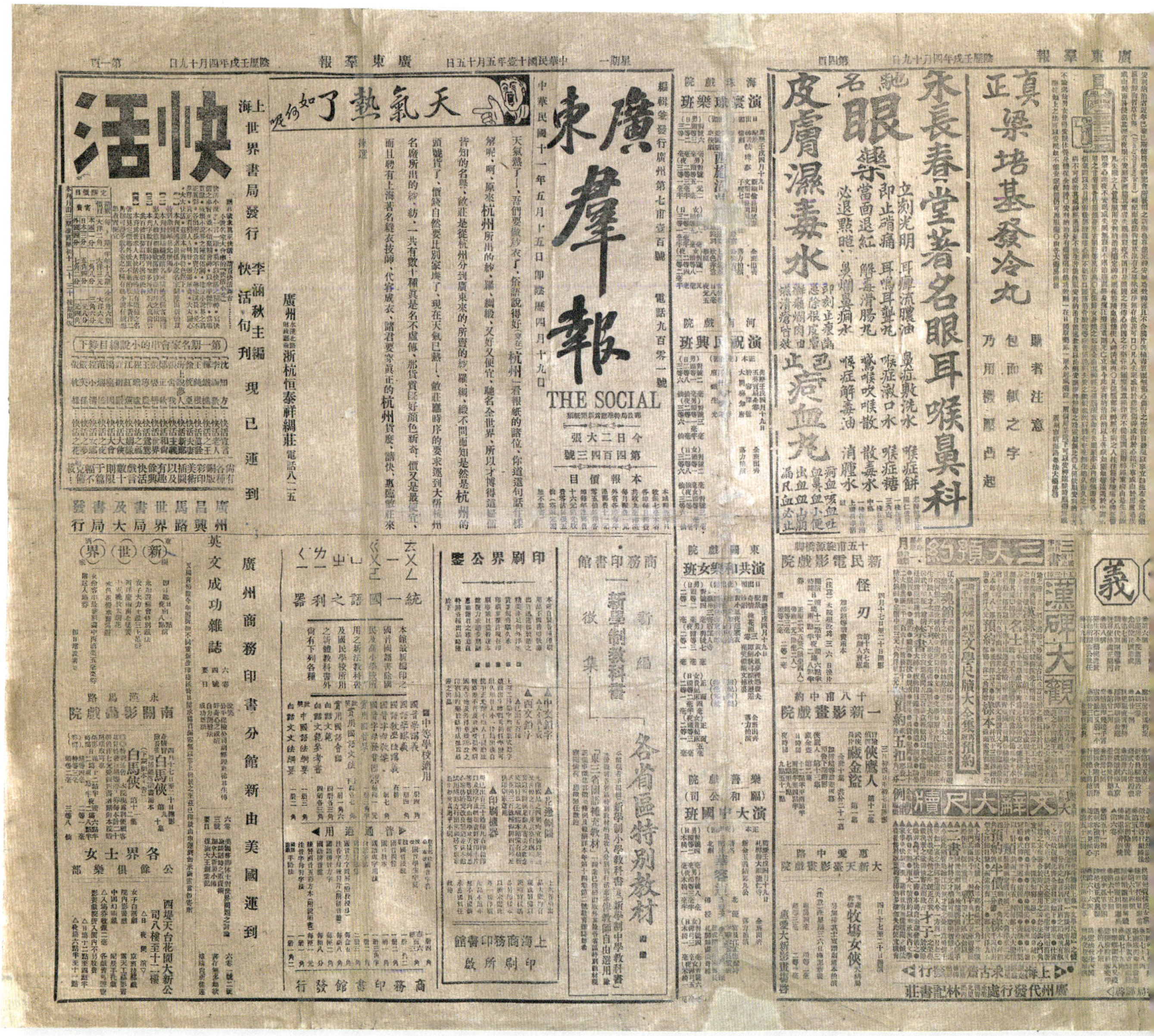

1922年《广东群报》第443号

长 55 厘米，宽 74 厘米

纸质

1922 年

三级文物

购买

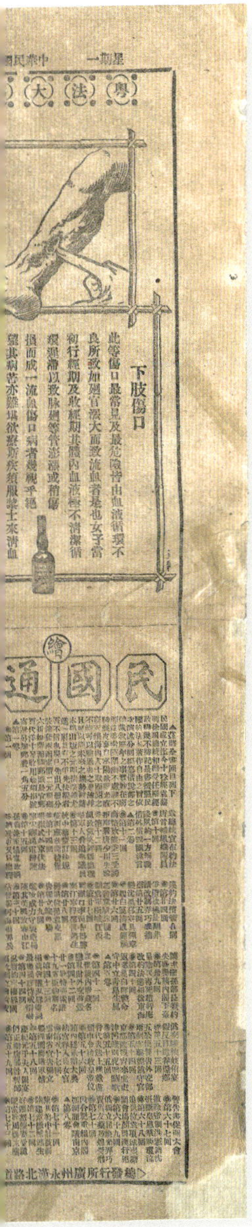

《广东群报》第443号，发行于1922年5月15日。全报共2张8版，第一、第二版主要为广告内容，第三至第八版分别登有《本报特派员专电》《中外电讯》《北伐各讯》等时事新闻，以及《奉直战争之一内幕》《北京旧国会议员之复活运动》《日军势力下之海参威》《中国社会主义青年团第一次全国大会纪略》等文章报道。

《广东群报》由谭平山、谭植棠、陈公博等人于1920年10月创办，新闻纸质，4开，日出两张8大版。该报重点宣传新文化、新思想，它在办报宗旨中明确提出“(一)不谈现在无聊政治，专为宣传新文化的机关；(二)不受任何政党援助，保持自动出版物的精神”，受到年轻知识分子的普遍欢迎。陈独秀在《广东群报》创刊号上发表《敬告广州青年》一文，号召青年“做贫苦劳动者底朋友，勿为官僚资本家佣奴”。广州共产党早期组织成立后，《广东群报》被明确规定为党组织的机关报，重点宣传马克思主义，以大量篇幅宣传马克思、列宁的学说，介绍国际共产主义运动及国内工人运动状况。《广东群报》一直出版至1922年夏，后因陈炯明发动武装叛变，广东环境恶化而被迫停刊。

《广东群报》是中国共产党创立时期出现的第一张大型地方党报，对研究中共广东地方史、马克思主义在广东的早期传播有重要意义。广东革命历史博物馆保存《广东群报》共20期，时间为1921年7月至1922年7月，是研究20世纪20年代初期广东地方史不容忽略的一份重要材料来源。第443号是该批史料中保存较完好的一期，为研究《广东群报》风格特色及革命宣传功能提供了史料支持。

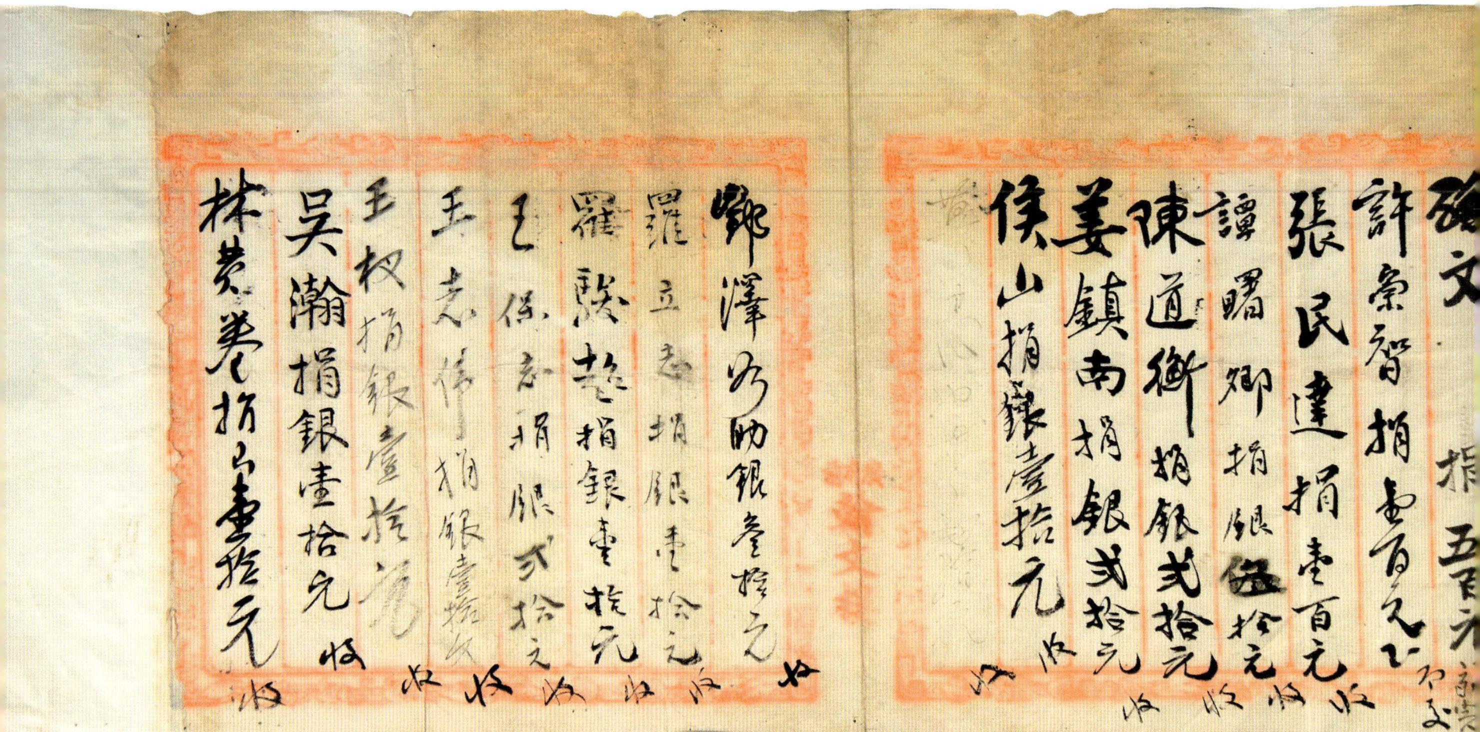

1923年 孙文等人为阵亡将士捐银单

长 30 厘米，宽 59 厘米

纸质

二级文物

1996 年接受捐赠

该捐银单是为吴世新捐款的登记表。纸张为翰文楼八行笺纸，大部分捐银人姓名、金额用毛笔书写，叶剑英及另五人用钢笔书写，字迹褪色。捐银单没有抬头或按语，共有30人签名认捐。签名字体风格各异，应为各认捐人亲笔书写，其中有孙文、许崇智、叶剑英等人的手迹。每人认捐金额后标有“收完”“已交”“收”等字样，应是经办人为方便记忆而标注。

吴世新（1890—1922），又名世申，字勇勋，广东顺德人。

吴世新自小生活在新加坡，16岁回国求学，毕业后在广州当宪兵下士，受革命志士影响而参加反清活动，事发后返回新加坡。吴世新邀集当地华人富商、社会贤达等共同开办了一所华文国民小学，亲任义务校长。1906年，秘密加入同盟会，被任命为新加坡地方支部常委，负责募集捐款，以应革命之需。1916年，孙中山组织讨伐龙济光的军事行动，吴世新与张民达、侯山、王志伟、王保志、黄世明、龙飞标等一批青年华侨志士回国，参加周之贞领导的华侨护国军，任讨龙决死队员。

1920年，吴世新参加第一次北伐与之后的回师讨贼，任北伐军第二路军粤军第一师机关炮连连长。1922年6月16日，陈炯明在广州叛变，炮击总统府，北伐军即回师广东靖乱。7月中下旬，粤军第一师在翁源与陈炯明的部队数次激战。7月29日，吴世新中弹牺牲，时年32岁，其遗骸与其他阵亡者同葬于翁源礼山。

1923年，吴世新在粤军一师的战友将其战死之事告知其家人。吴世新因追随孙中山革命，家财早已耗尽，故其妻黄氏应吴世新生前战友之嘱，决计举家渡海回国谋生。

1923年7月下旬，孙中山大元帅府于广州中央公园召开阵亡将士抚恤大会，追悼1922年5—7月战死的官兵。黄氏一家返抵广州后，接获大元帅府遣人送达的抚恤大会为吴世新签名认捐的捐银单一份，该单载有孙中山、许崇智、张民达、侯山、叶剑英等30人签名认捐的记录，认捐款共1080银元，由侯山汇集与发放。

1996年2月，广东革命历史博物馆派员对辛亥革命烈士遗属开展访问工作时，吴世新外孙陈国坚先生捐赠其捐银单。该文物对研究华侨与辛亥革命、讨伐陈炯明等历史事件具有非常重要的意义。

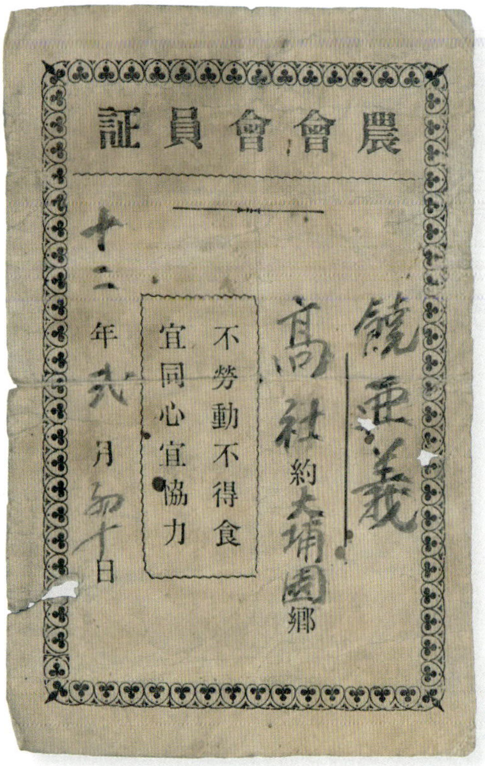

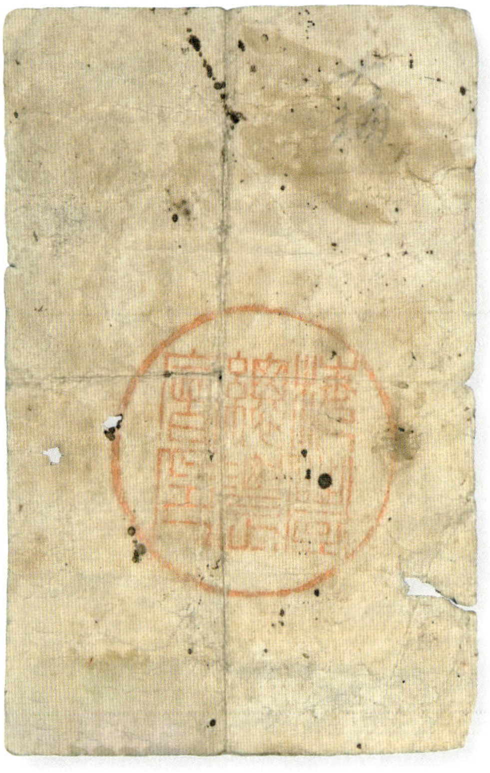

1923年 **陆丰县农会会员证**

长 12 厘米，宽 8 厘米

纸质

二级文物

接受捐赠

农会会员证采用铅印黑字工艺，四边框以花饰，花饰内上方横排右起书写“农会会员证”字样；下方竖排右起毛笔手写会员姓名“饶亚义”，居住地“高社约大埔园乡”；左用水波纹框有“不劳动不得食　宜同心宜协力”铅印字样；波纹框左侧竖起手写填发时间“（民国）十二年二月初十日”。会员证背面盖“陆丰总农会印”圆形钤印。证件有锈迹，几处破洞，边缘有裂口。

该会员证的填发时间为1923年3月26日，彼时陆丰县总农会尚未成立。自1922年10月起，彭湃先后派林苏、余创之、李劳工、郑志云等赴陆丰潭冲、浮头等地开展农会组织工作，该会员证应属高社约大埔园乡的基层农会组织。

海陆丰地区是全国最早掀起大规模农民运动的地方。1921年，彭湃开始在家乡海丰积极宣传马克思主义，掀起农民运动风潮。1923年1月，海丰总农会成立，成为全国首个县级农会。与此同时，陆丰地区的潭冲、浮头等地也相继成立了乡村基层农会。至1923年4月，随着陆丰地区农会组织的发展，彭湃转赴陆丰领导农民运动，筹建陆丰县农会。6月23日，陆丰县农民代表大会召开，选举产生了陆丰县总农会，由林蕴川任会长，郑重任副会长，下设宣传、教育、仲裁、农业等10个部，陈淑炯、朱怀德等9人为执行委员。陆丰县总农会是继海丰总农会后成立的全国第二个县级农会，其组建为陆丰地区的农民运动奠定了组织基础，乡村基层农会扩展到金厢、碣石、甲子等区。8月16日（农历七月初五），“七五”农潮爆发，陆丰县总农会遭到陈炯明当局镇压，随后转入地下活动。

陆丰县农会的组织活动积累了宝贵的农运斗争经验。广东省陆丰县农会会员证为研究早期农会的组织建设提供了实物资料，同时见证了海陆丰地区引领全国农民运动的伟大实践。

1923—1925年 陆海军大元帅大本营特别出入证（No.341）

通长 6 厘米，宽 3.4 厘米

铜质

二级文物

2010 年购买

正方形章面，正面是国民党党徽，背面有“大本营”“特别出入证”和“No.341”字样。章面上方挂一条铜链和铜条。

击败陈炯明叛军后，孙中山于1923年2月21日重返广州。3月2日，孙中山在广州正式成立新的政权——陆海军大元帅大本营（简称大元帅府）。大元帅府建立后，由于当时广州还处在桂系军阀的统治之下，大元帅府也处在莫荣新部队的四面包围之中，孙中山险被潜入大元帅府的敌人暗杀，情况非常危急。为保证孙中山的安全，大元帅府特制“大本营特别出入证”。

大元帅府成立后，孙中山在共产国际和中国共产党的帮助下，改组国民党，实现第一次国共合作；创建黄埔军校，连续发起两次东征，平定杨刘叛乱及南讨邓本殷，进一步巩固了广东革命根据地。1924年11月，孙中山应邀北上商议国是，次年3月12日在北京病逝。1925年7月1日，广州国民政府成立，大元帅府完成了其历史使命。

该特别出入证是孙中山组建陆海军大元帅大本营的重要历史物证。

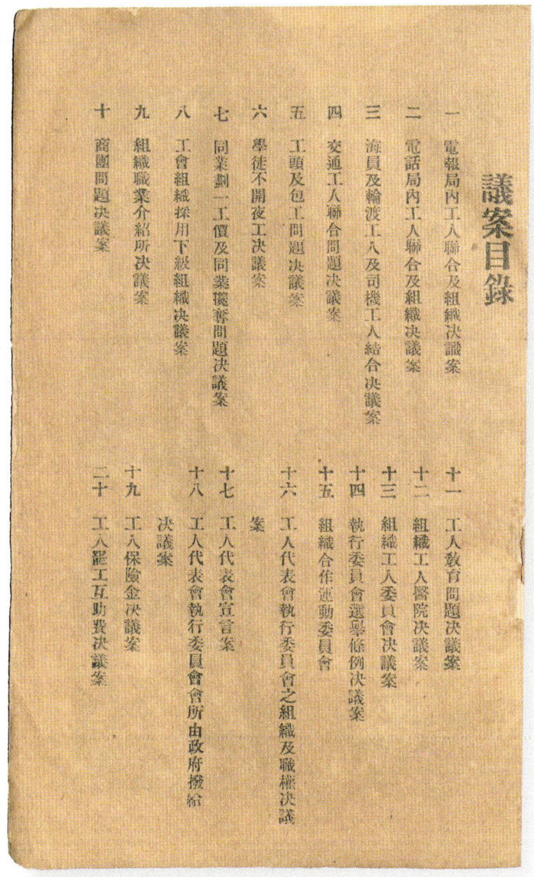

1924年《广州市工人代表会决议案》

长 18.8 厘米，宽 13.2 厘米

纸质

三级文物

1964 年购买

该决议案由国民党中央执行委员会工人部印发，包含《工人代表会宣言案》《商团问题决议案》《工人教育问题决议案》等20项决议案以及孙总理演说词、大会及游行现场照片等。全书共20页，封面和封底轻微破损，封底内页贴有广州古籍书店标签。

第一次国共合作初期，广州地区工会繁杂，互不统一，难以发挥统领工人运动的作用。国共合作为广州工人运动的统一开展创造了有利条件。中共广州地委决定由国民党中央工人部出面，召集广州工人代表会议。1924年3月5日，工人部部长廖仲恺召集广州各工会代表1000余人开会，号召工人们加强团结、统一组织、参加革命。1924年5月1日，广州市工人代表会召开。大会由廖仲恺主持，孙中山出席并发表演说，号召工人"做全国人民的指导，作国民的先锋"。大会选举产生广州市工人代表会议执行委员会，共产党员刘尔崧当选主席，由此加强了中国共产党对工人运动的领导。会后全市17万工人开展了游行示威。此次大会促进了广州地区工人组织的团结与合作，鼓舞了广州工人阶级联合起来开展斗争。

《广州市工人代表会决议案》是研究广州市工人代表大会的重要原始史料，也是广州地区工人运动在组织上初步结成一体的历史见证，对研究第一次国共合作时期工人运动和工人议题意义重大，具有重要的历史价值和史料价值。

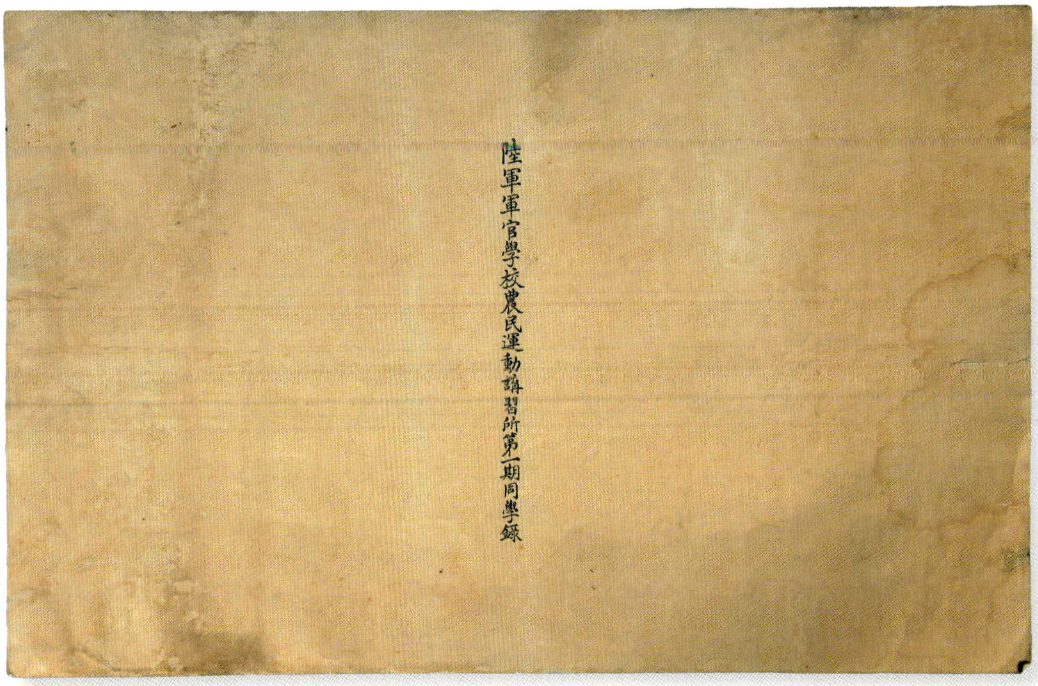

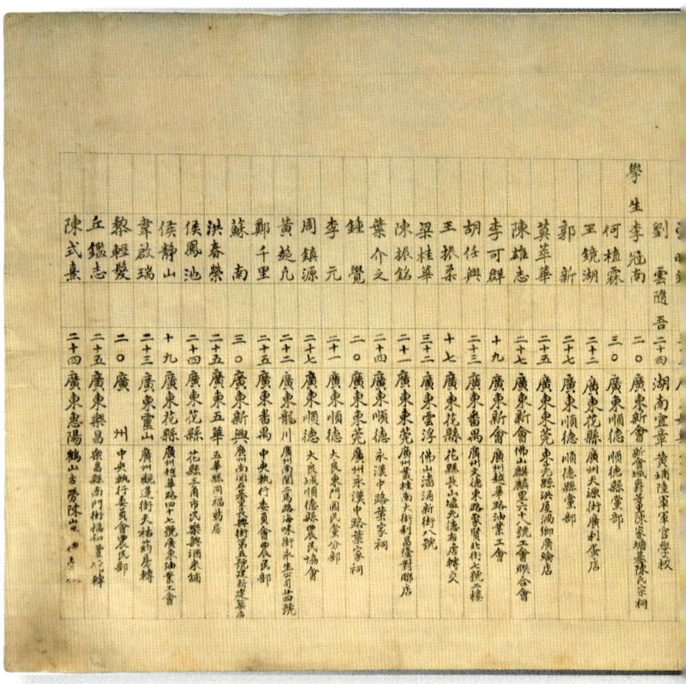

1924年《陆军军官学校农民运动讲习所第一期同学录》

长 30.5 厘米，宽 47.5 厘米

纸质

二级文物

1965 年接受捐赠

《陆军军官学校农民运动讲习所第一期同学录》是第一届农民运动讲习所学员梁桂华赴黄埔军校完成军事训练后，由军校颁发以兹纪念。同学录内为散页图画纸，一份5张，石印。同学录首页居中竖排写有“陆军军官学校农民运动讲习所第一期同学录”，内含蒋中正、何应钦所作序二则，“陆军军官学校农民运动讲习所学员十日间军事训练计划表”和“陆军军官学校农民运动讲习所第一期同学录”。其中，蒋、何二序阐明了该期军训的起因经过、目的意义，并对毕业学员寄予期望和鼓励；军事训练计划表详细列出了上课时间、科目和知识要点；同学录记录了教职员及参训学员的职别、姓名、别号、年龄、籍贯、通讯处等个人信息。

第一届农民运动讲习所于1924年7月3日在广州正式开办，原定于一个月后结业，后将学习时间延长，增设军事训练等内容。1924年8月7—16日，适值黄埔军校暑假期间，国民党中央执行委员会农民部选派第一届农讲所学员25名，赴军校接受为期10天的军事训练，梁桂华即为被选中学员之一。彼时农民部部长廖仲恺同时担任军校党代表，应是促成这次军事训练的关键因素。

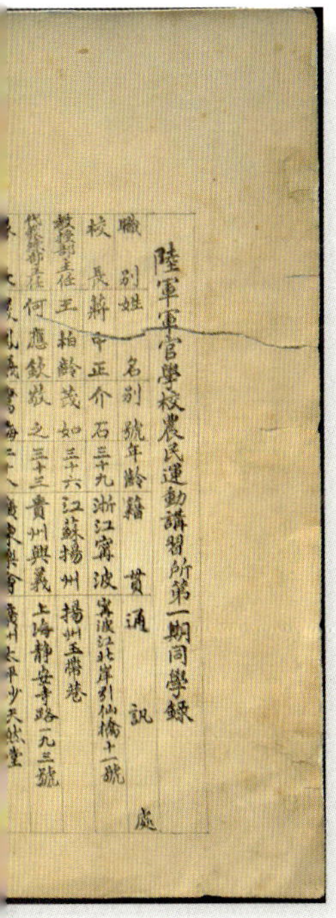
陸軍軍官學校農民運動講習所第一期同學録

农民运动讲习所学员在黄埔军校的军训课程安排以培训基层军事干部为目的，在短短10天内讲授了“散兵教练、进行队形、射击要旨、姿势瞄准、利用地物距离测量、视察战场、命令通报、侦探进行要旨、森林战、山地战或村落战之要旨”等军事知识，使学员对步兵的基本常识有所了解。8月16日，蒋介石、何应钦和俄国顾问亲自阅操，对农民运动讲习所学员的表现“大为赞许”。农民运动讲习所方面对军训的效果也颇为满意，罗绮园曾在《本部一年来工作报告概要》中说：“在第一、二两届之考察，凡在军事训练用心之人，现在即为农民运动最努力之人。”

《陆军军官学校农民运动讲习所第一期同学录》是广州农民运动讲习所和黄埔军校紧密合作的重要见证，体现了国民党在中国共产党的帮助下忠实履行了孙中山的“扶助农工”政策。

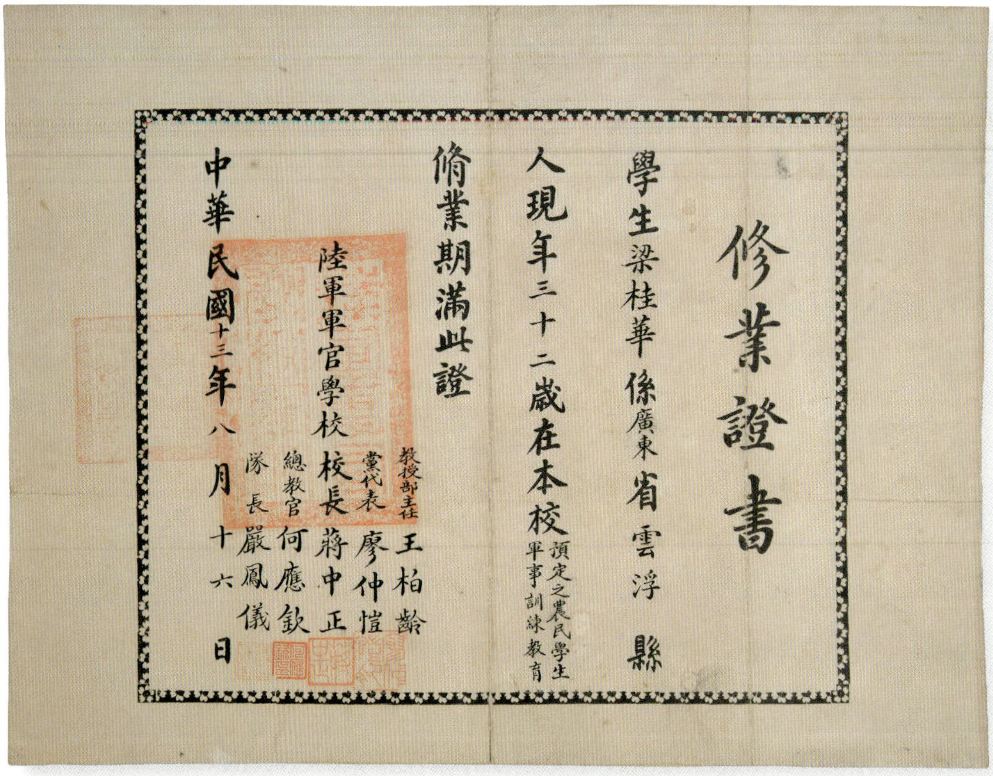
修業證書

學生梁桂華係廣東省雲浮縣

人現年三十二歲在本校預定之農民學生軍事訓練教育

修業期滿此證

陸軍軍官學校校長蔣中正

黨代表廖仲愷

教授部主任王柏齡

總教官何應欽

隊長嚴鳳儀

中華民國十三年八月十六日

1924年 梁桂华的陆军军官学校修业证书

长 25.4 厘米，宽 33.8 厘米

纸质

二级文物

1965 年接受捐赠

与《陆军军官学校农民运动讲习所第一期同学录》一样，该修业证书为第一届农讲所学员梁桂华赴黄埔军校完成军事训练后，由军校颁发的凭证。修业证书较正式的黄埔军校毕业证书简单，纸面中间绘有黑色方形框，框线内文字竖排，内容如下：

修业证书

学生梁桂华系广东省云浮县人，现年三十二岁，在本校预定之农民学生军事训练教育修业期满，此证。

教授部主任　王柏龄

党　代　表　廖仲恺

陆军军官学校校　　长　蒋中正

总　教　官　何应钦

队　　长　严凤仪

中华民国十三年八月十六日

落款分别盖有陆军军官学校印章和校长蒋介石、党代表廖仲恺、总教官何应钦等人的私章。

梁桂华(1893—1927)，广东云浮人。曾任中华全国总工会第一届委员，中共广东区委员会工委委员、监委副书记，中共香港地区工作委员会书记，广州起义工人赤卫队副总指挥等职。1924年7月，梁桂华进入第一届农民运动讲习所学习，其间参加了黄埔军校的农民运动军事训练班，学习结束后获得此修业证书。

黄埔军校是第一次国共合作的产物，是中国第一所培养革命军队干部的学校。1924年5月5日，黄埔军校第一期学生入校。6月16日举行开学典礼。因战乱等原因，黄埔军校早期特别是黄埔一期期间的文物存世数量稀少，这张1924年8月颁发的修业证书是迄今为止黄埔军校开展短期军事培训最早的历史见证。

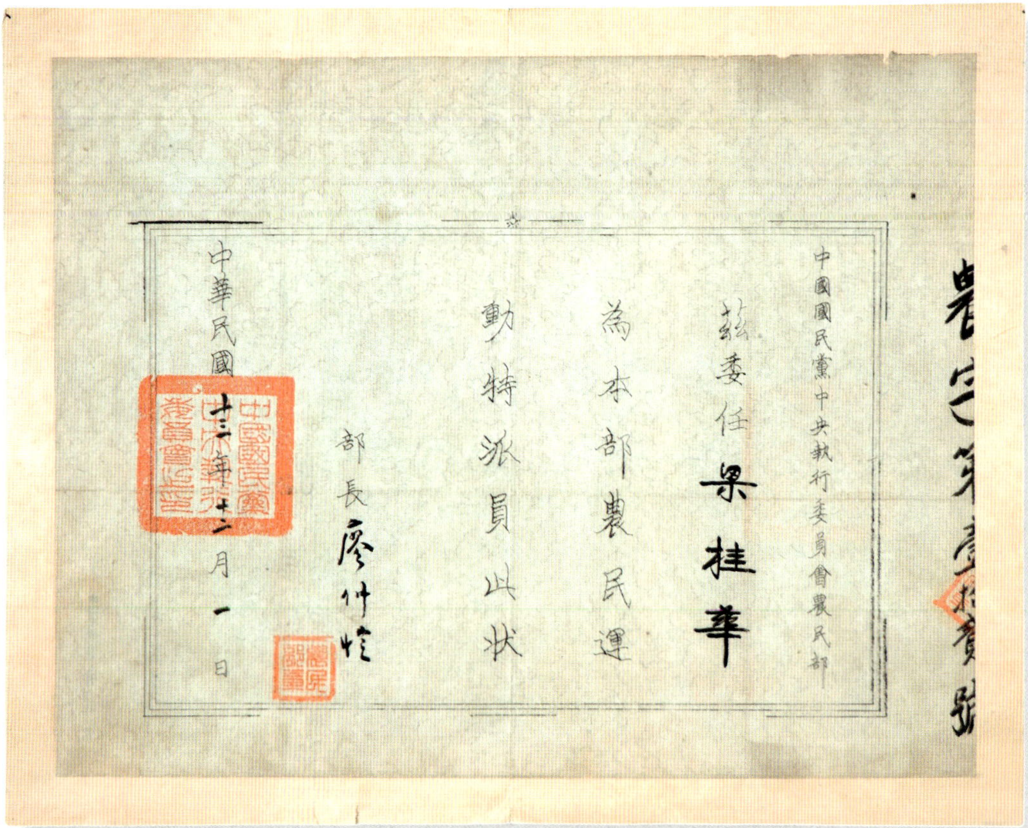
中國國民黨中央執行委員會農民部

茲委任梁桂華為本部農民運動特派員此狀

部長廖仲愷

中華民國十三年十二月一日

1924年 梁桂华的农民运动特派员委任状

长 29.5 厘米，宽 38.7 厘米

纸质

一级文物

1964 年接受捐赠

该委任状是国民党中央执行委员会农民部委任梁桂华为农民运动特派员的凭证。淡绿色玉扣纸。内容包含“中国国民党中央执行委员会农民部兹委任梁桂华为本部农民运动特派员此状”，其中“梁桂华”和落款处的签发时间等用毛笔填写。此外还有时任农民部部长廖仲恺的亲笔签字，左侧落款处钤“中国国民党中央执行委员会之印”和“农民部章”红泥印，右边沿有“农字第壹拾贰号”字样骑缝。

梁桂华自幼家贫，早年在佛山当理发工人，曾先后参与组建佛山理发工会、佛山工人俱乐部。1922年由梁复燃、谭平山介绍加入中国共产党。1923年参与组建南海县第一农团军。1924年入第一届农民运动讲习所学习，毕业后于1924年12月被国民党中央农民部委任为农民运动特派员，到南海、番禺、云浮、中山等地开展农民运动。香山县（今中山）是国民党右派势力盘踞之地，宗族矛盾尖锐。梁桂华以理发为掩护，深入发动群众，创立香山县九区农民协会和上下栅农民协会，助推了香山地区农运的发展。1925年出席广东省农民协会第一次代表大会、全国第二次劳动大会，参与省港大罢工组织工作。1927年广州“四一五”反革命政变后被捕。获释后与周文雍成立广州工人赤卫总队，任工人赤卫队副总指挥。广州起义时率领工人赤卫队一部配合教导团一营攻下市公安局，随后带领工人赤卫队在长堤一带执行警戒任务，在阻击国民党军队的反扑作战中身负重伤，送往韬美医院救治。广州起义失败后在医院门口壮烈牺牲。

梁桂华的农民运动特派员委任状是第一次国共合作时期广东地区农民运动发展的代表性见证物。此外，该委任状还包含廖仲恺的亲笔签名，以及国民党中央执行委员会和农民部印章，因而具有重要的历史价值和纪念意义。

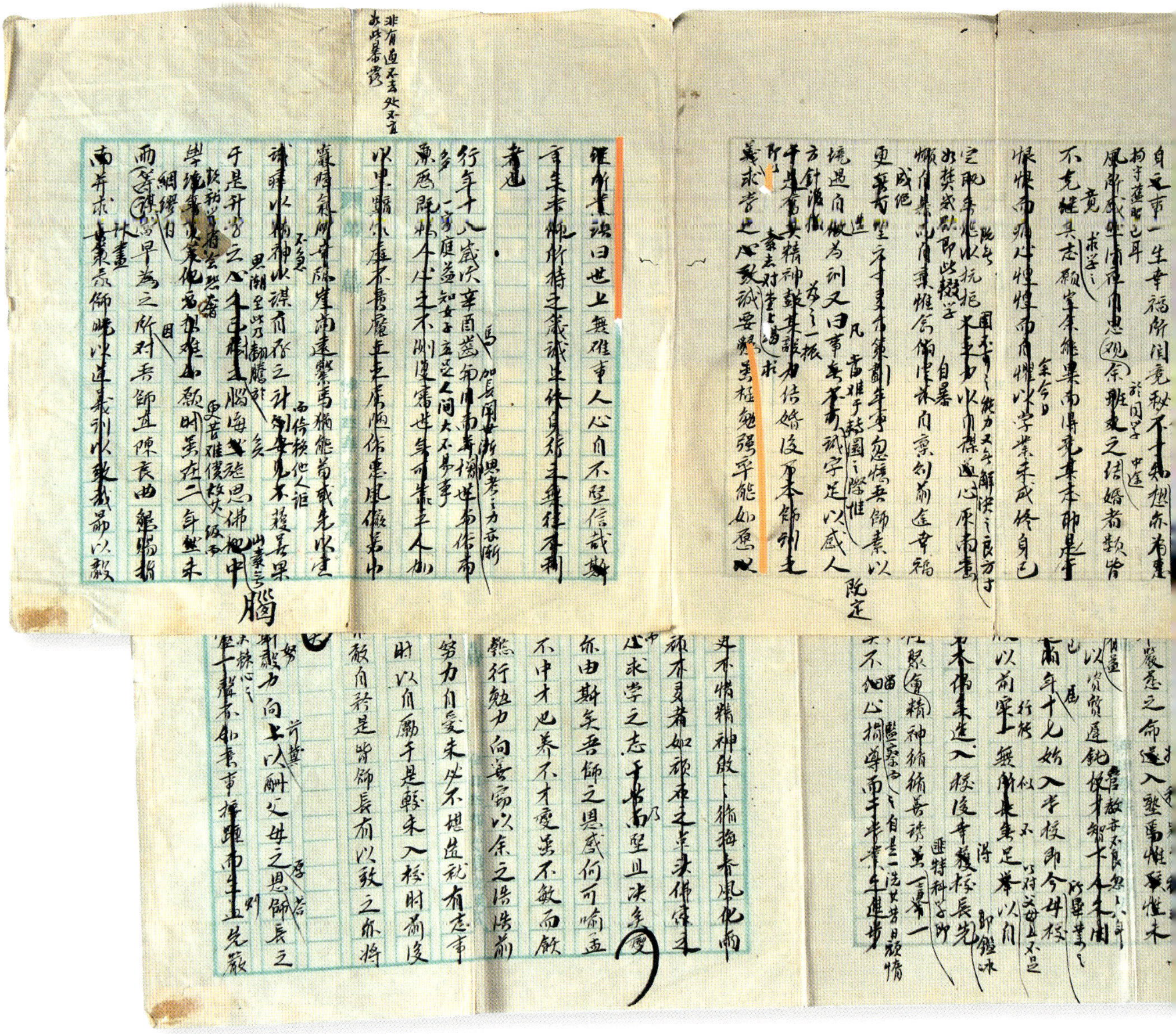

1924年 陈铁军自传手迹

长 24 厘米，宽 51.8 厘米

纸质

二级文物

1965 年接受捐赠

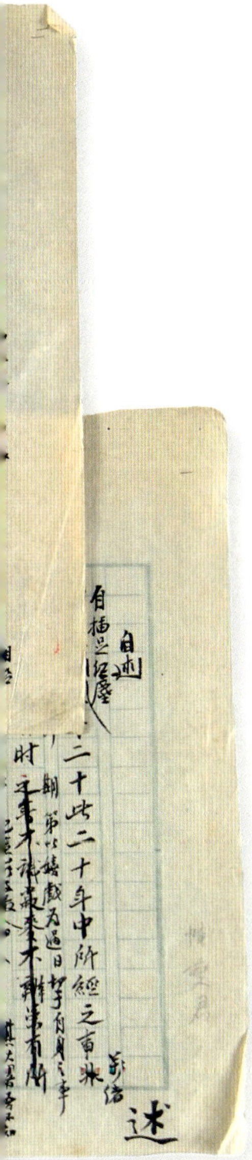

该手迹是革命烈士陈铁军亲笔书写的自传，以毛笔作于佛山季华女校稿纸上，现仅存前两页，后续不存，讲述的是陈铁军从出生后至佛山季华两等女子小学读书期间的经历。

陈铁军（1904—1928），原名陈燮君，广东佛山人，出生于归侨富商家庭，父母早早将她许配给佛山何合记自公饼店的老板为孙媳妇。生性倔强的陈燮君十分不满，在她的强烈要求下，才和妹妹陈燮元进了坤贤女私塾读书。

1920年，陈燮君进入新开办的季华两等女子小学（今铁军小学）读书，成为第一批学生。这所学校由思想进步的广州女子师范学校佛山籍毕业生郭鉴冰创办。陈燮君自述称："入校后幸得校长郭鉴冰先生为吾级主任，聚精会神，循循善诱，匪特科学即一言一动莫不留心监察而捐道之，自是一洗女昔日顽惰之恶习惯，而求学之志乃坚且决矣。"

陈燮君小学还未毕业，封建包办婚姻就向她袭来。她迫于无奈，在何家答应了"拜堂后回娘家读书"的条件后，与何家少爷完了婚。小学毕业后，何家再三催促陈燮君回去当少奶奶，哥嫂也声明按照习规，不再供给升学费用。陈燮君并不屈从，变卖了自己的首饰衣物，到广州继续求学，通过插班考试进入广州坤维女子中学读书。

在坤维女子中学，陈燮君得到共产党员、语文老师谭天度的引导帮助，思想觉悟快速提高。她与同学区梦觉等组织起"时事研究社"，学习马克思主义，研究时事政治。1924年秋，陈燮君考上国立广东大学（后改名国立中山大学）文学院预科，开始积极投身反帝反封建的革命运动。为表示自己铁下心肠干革命的决心，她改名为陈铁军。

1926年夏，陈铁军加入中国共产党，先后担任中共中山大学支部委员、广东妇女解放协会执行委员等职务。广州起义前，她奉命和中共广州市委组织部部长周文雍以夫妻名义做掩护，在广州建立地下市委机关，开展了卓有成效的秘密革命工作。广州起义失败后，陈铁军和周文雍转移到香港。两个月后，二人又双双返回广州，在白色恐怖中继续从事革命活动。

1928年2月2日，陈铁军和周文雍因叛徒告密不幸被捕。在狱中他们承受了各种酷刑，始终没有向敌人泄露党组织的任何机密。2月6日，这对志同道合的革命志士在红花岗英勇就义。

该自传手迹反映了陈铁军反抗封建思想、向往民主自由、追求真理的成长过程，为后人理解其人生追求和革命志向提供了背景资料，具有重要的革命教育意义。

廣東婦女解放協會

宣言

國民革命軍總司令部政治部印

1925年《广东妇女解放协会宣言》

长 18.3 厘米，宽 13.1 厘米

纸质

三级文物

1959 年入藏

该宣言由国民革命军总司令部政治部印制，全书8页。宣言封面上方正中印有书名“广东妇女解放协会宣言”及印制单位；下方绘有三名手牵手行走在平整大道上的女性形象，从衣着来看，她们既有知识女性也有劳动妇女，象征着妇女团结一致，向自身解放的光明未来行进。

宣言首先指出妇女在伦理、法律、教育、职业等方面的不平等处境；进而揭示不平等的根本原因在于资本主义制度，提出反帝反封建的六个口号；最终指出协会创立的目的是“提倡女权，促进妇女地位，谋妇女的健全人格”。为了实现这些宏愿，就要“全国的妇女们携手，和全世界妇女们携手”，号召妇女们联合起来自图解放。

中国共产党自成立起便十分重视妇女运动的开展，将妇女群体视作革命的重要力量，把争取妇女的彻底解放作为反封建斗争的重要内容。中共三大正式通过了《妇女运动决议案》，提出要实现“全国妇女运动的大联合”。第一次国共合作开始后，中国共产党主要以国民党中央党部妇女部的名义开展妇女工作，蔡畅、高恬波等共产党员以个人身份在妇女部任职。

为加强党对妇女工作的领导，1925年5月10日，在新学生社的发起下，由中国共产党直接领导的广东妇女解放协会（简称妇协）正式在广州成立。妇协以全体大会为最高机关，闭会期间由执行委员会负责日常事务。妇协共组建四届执委会，前两届主任由夏松云担任，后两届由区梦觉担任，蔡畅、邓颖超、高恬波、陈铁军等妇女领袖均先后领导过妇协工作。不同于此前以知识女性为主体的妇女组织，妇协将劳动妇女作为主体，团结广大妇女群体，号召她们在投身革命的过程中实现自身解放。为适应工农妇女的认知水平，妇协采取化妆演讲、白话新剧等新型宣传方式，并创办《广东妇女解放协会》会刊（后相继改名为《光明》《妇女生活》），向妇女输入革命思想，唤醒其抗争意识。由于方式得当，妇协在全省发展了众多分会，在东莞、中山、佛山、韶关等地均有分布。广州“四一五”反革命政变后，妇协被迫解散。

妇女解放与国家民族解放密不可分。广东妇女解放协会的成立保障了广东地区的妇女权益，促进了妇女解放和男女平等，为革命争取了一定的女性力量，同时也标志着中国共产党妇女工作的公开化和组织化。《广东妇女解放协会宣言》作为协会的文献类见证物，具有重要的历史研究价值。

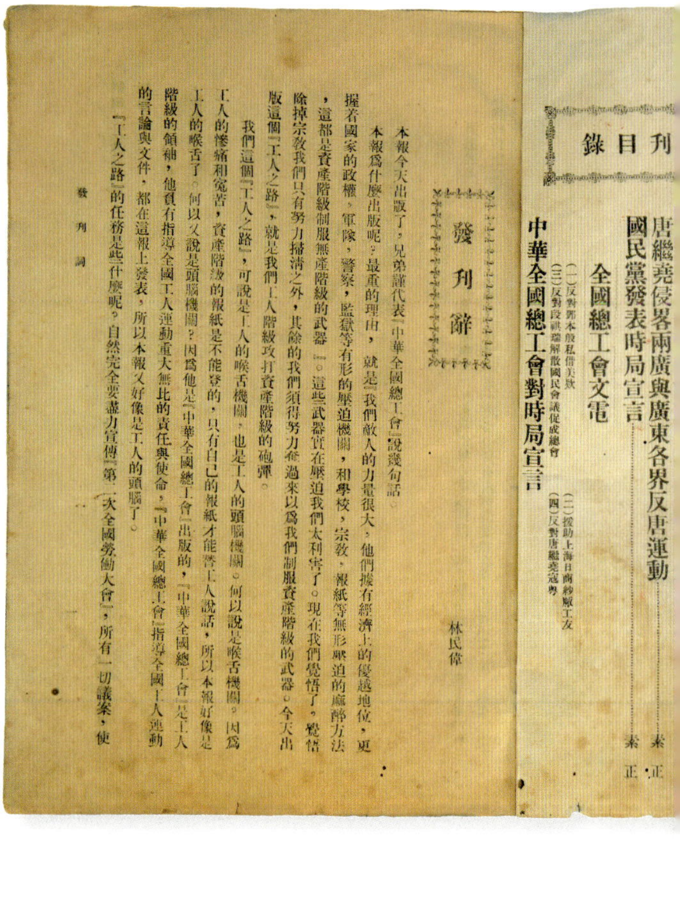

1925年《工人之路》创刊号

长 26 厘米，宽 19 厘米

纸质

二级文物

1959 年购买

《工人之路》创刊号共24页，刊名和出版者名称均套红，其余为蓝黑色。本期载有林伟民撰写的《发刊辞》、邓中夏撰写的《中国劳动运动继往开来》《工人阶级与革命政府》以及孙云鹏撰写的《上海日本资本家枪杀中国工人》《中华全国总工会对时局宣言》等文章。

《工人之路》是中华全国总工会指导工人运动的宣传武器。《发刊辞》中明确指出，“今天出版这个《工人之路》，就是我们工人阶级攻打资产阶级的炮弹”。同时指出《工人之路》“是工人的喉舌机关，也是工人的头脑机关”。

1925年5月，第二次全国劳动大会在广州召开，会上成立中华全国总工会。会后中华全国总工会决定创办《工人之路》作为机关刊物。5月31日，《工人之路》作为中华全国总工会的机关报正式创刊，编辑部设在中华全国总工会筹备处。《工人之路》初定为周刊，16开大小，实际仅编制一期。6月23日，沙基惨案发生后，为了领导省港大罢工，中共广东区委和中华全国总工会宣传部决定将《工人之路》改版为《工人之路特号》，成为一份4开4版的日报，于1925年6月24日正式发行。

现有研究追溯《工人之路》的历史多止于1925年6月24日，《工人之路》创刊号则将刊物创办时间还原至1925年5月31日，且为该刊唯一一期周刊，具有珍贵的史料和收藏价值。

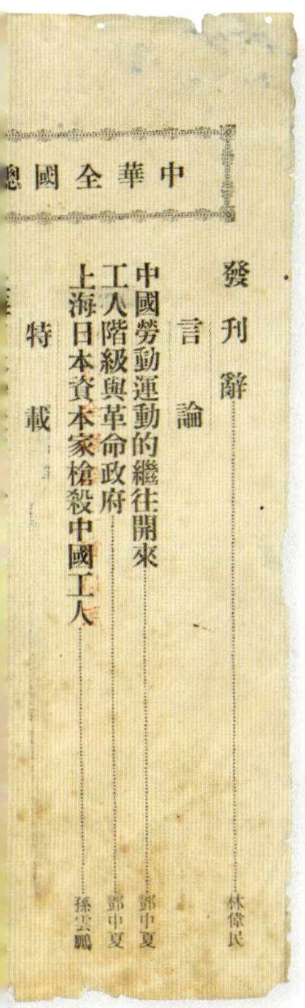
中華全國總
發刊辭 林偉民
言論
中國勞動運動的繼往開來 鄧中夏
工人階級與革命政府 鄧中夏
特載
上海日本資本家槍殺中國工人 孫雲鵬

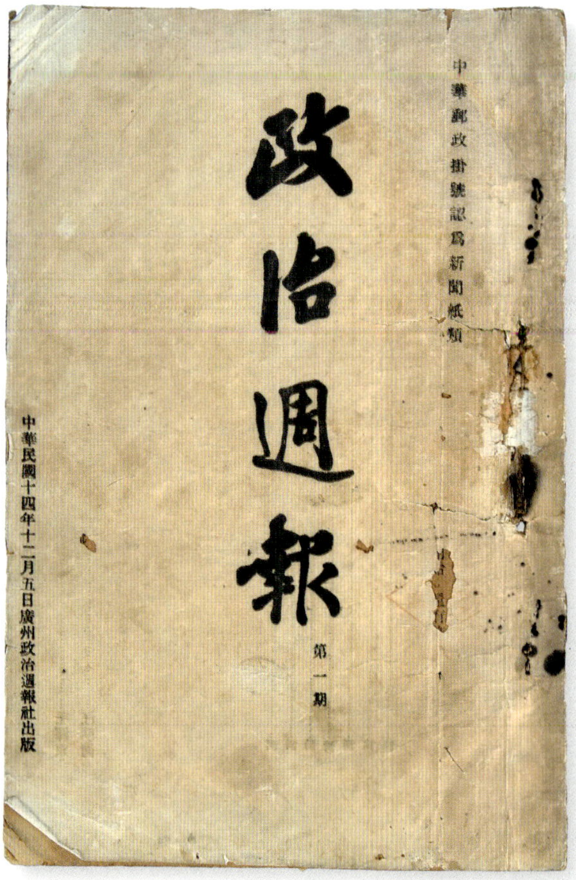

政治週報

中華郵政掛號認爲新聞紙類

第一期

中華民國十四年十二月五日廣州政治週報社出版

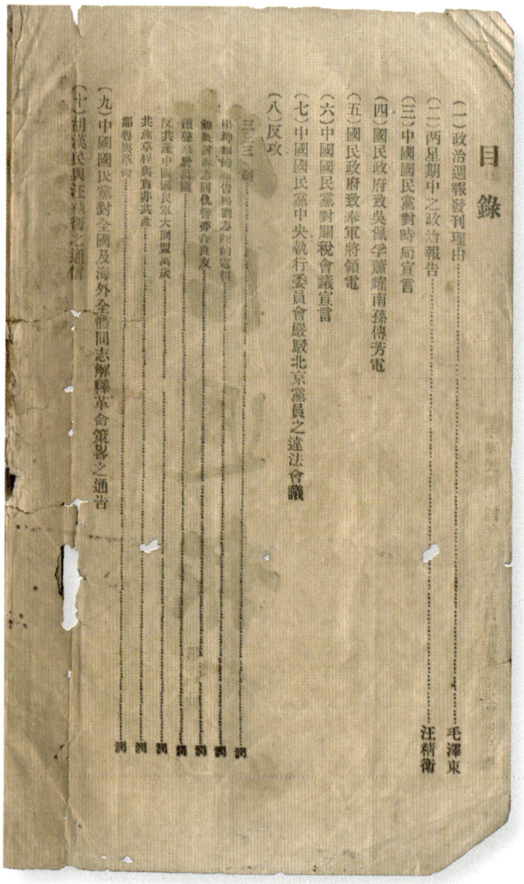

目錄

(一)政治週報發刊理由……毛澤東

(二)兩星期中之政治報告……汪精衛

(三)中國國民黨對時局宣言

(四)國民政府致吳佩孚蕭耀南孫傳芳電

(五)國民政府致奉軍將領電

(六)中國國民黨對關稅會議宣言

(七)中國國民黨中央執行委員會嚴駁北京黨員之違法會議

(八)反攻

(九)中國國民黨對全國及海外全體同志解釋革命策略之通告

1925年《政治周报》第一期

长 26 厘米，宽 17.3 厘米

纸质

二级文物

1959 年调拨

作为《政治周报》的创刊号，该期内容包含毛泽东撰写的发刊理由及其以笔名“润”撰写的《颂声来于万国》《邹鲁与革命》等7篇文章，此外还收录了汪精卫所作的政治报告，中国国民党及国民政府的宣言、通电、通告等，共18页。毛泽东在发刊理由中点明了出版目的：“为什么出版政治周报？为了革命。为什么要革命？为了使中华民族得到解放，为了实现人民的统治，为了使人民得到经济的幸福。”明确指出周报的作用是“向反革命派宣传反攻，以打破反革命宣传”。

1925年10月，毛泽东任中国国民党中央宣传部代理部长。为了反击国民党右派的反共宣传，捍卫国共合作统一战线，毛泽东于同年12月5日在国民党中央党部（今广东革命历史博物馆所在地）主持创刊了《政治周报》，并担任前四期的主编。自第五期起，由于毛泽东兼任农讲所所长，因而改由沈雁冰、张秋人任主编。作为国民党中央宣传部的机关刊物，《政治周报》主要刊载国民党和国民政府的宣言、报告、决议，以及国民党高层的文章，并刊发政治评论，与国民党右派进行思想宣传斗争。毛泽东在《政治周报》上以“润”“子任”为笔名发表了19篇文章，以犀利的笔触批判了国民党右派破坏统一战线的反动行径。《政治周报》至1926年6月5日停刊，共出版14期，在这短短半年间，该报揭露和批判了国民党右派勾结帝国主义和军阀、背叛孙中山三大政策的罪行，向破坏国共合作的行径展开猛烈反攻，捍卫了国民革命统一战线。

《政治周报》是国共合作的成果，同时也是捍卫革命统一战线的宣传武器，有力促进了国民革命的发展。广东革命历史博物馆现藏有《政治周报》第一、第二、第三、第四、第八、第九、第十、第十一、第十四等期，除第一期为国家二级文物外，其余均为一般文物。

《政治周报》第一期作为创刊号，收藏价值极高。杂志刊载了毛泽东的多篇革命文章，对于研究毛泽东的早期革命思想和革命斗争具有重要价值。

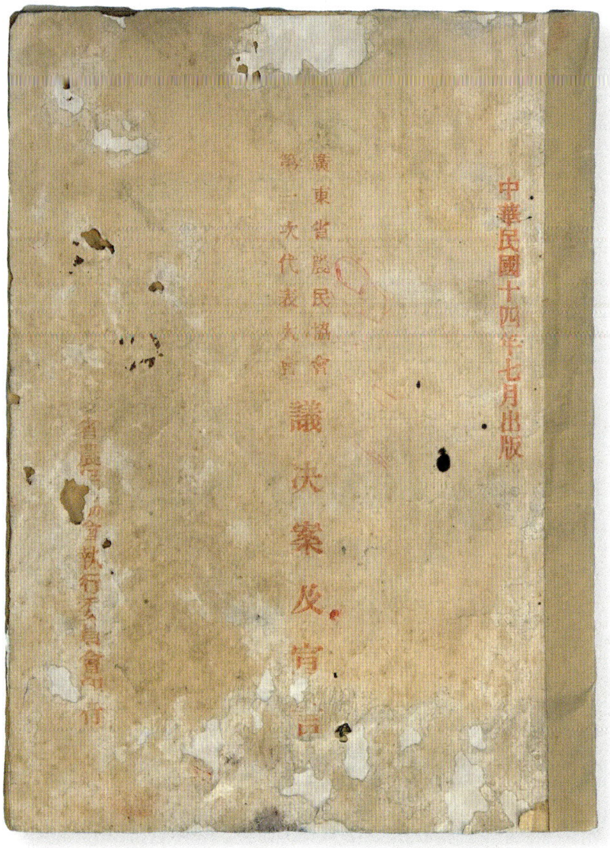
廣東省農民協會第一次代表大會議決案及宣言
中華民國十四年七月出版
廣東省農民協會執行委員會印行

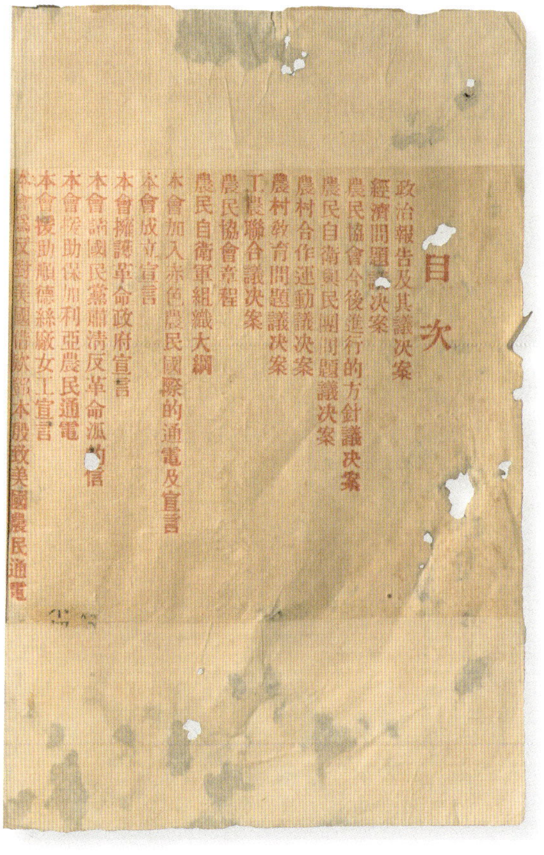
目次
政治報告及其議決案
經濟問題議決案
農民協會今後進行的方針議決案
農民自衛與民團問題議決案
農村合作運動議決案
農村教育問題議決案
工農聯合議決案
農民協會章程
農民自衛軍組織大綱
本會加入赤色農民國際的通電及宣言
本會成立宣言
本會擁護革命政府宣言
本會請國民黨肅清反革命派的信
本會援助保加利亞農民通電
本會援助順德絲廠女工宣言
本會反對美國借款給本省致美國農民通電

1925年《广东省农民协会第一次代表大会议决案及宣言》

长 17.5 厘米，宽 13 厘米

纸质

三级文物

1965 年入藏

该议决案及宣言由省农民协会执行委员会印制，共86页。内容包括《农民协会章程》《农民自卫军组织大纲》《政治报告及其议决案》等7项议决案，以及《本会成立宣言》等7项宣言及通电。

1924年4月，中共党员、农民运动先驱彭湃就任国民党中央执行委员会农民部秘书，积极开展广东各地农民协会的筹建工作。至1925年4月，广东省内已建立农民协会的县达22个，会员总数达21万余人，顺德、广宁、花县、中山、番禺、东莞等县均建立了县级农会，同时海陆丰地区自“七五”农潮后被破坏的农会组织亦相继得到恢复。国共合作后农民运动蓬勃发展，迫切需要建立一个统一的领导机关来加强对农民运动的领导。1925年5月1日，广东省第一次农民代表大会在广州召开，会议宣告成立全国第一个省级农民协会——广东省农民协会，选举产生了由共产党员彭湃、阮啸仙等人组成的省农会执行委员会。至此，广东全省的农民运动有了统一的领导核心，广东省乃至全国的农民运动迎来了空前高涨的局面。

此后，广东省农民协会领导全省农民积极开展反对地主阶级的政治和经济斗争，从事减租运动、反抗土豪劣绅、维持地方治安，并进行筑路、兴办农民学校等建设事业。在省农会的领导下，全省农会组织日益健全，“一年之内，有组织的农民，已由二十一万，增加至六十二万以上。……有农民组织之县，由二十一县，增加至六十一县，占全省县数的三分之二”。此外，省农会还组织农民积极支持广东革命政府的政治和军事斗争，如参加东征等统一广东的各项战事、援助省港大罢工和北伐战争等，成为反帝反封建的重要革命力量。

广东省农民协会是全国第一个省级农会，其成立标志着农民运动取得了阶段性的重大胜利，同时也指导和鼓舞了全国农民运动的开展。《广东省农民协会第一次代表大会议决案及宣言》汇集了省农会成立时期的各项重要文件，是研究广东省农民协会及大革命时期农民运动的官方原始史料，具有重要的历史研究价值。

苦樂不均

呢個耕田佬，年頭辛苦到年尾，仍然不能得到一餐飽飯。而呢個大地主，手夾田契，荷包貯滿租金，回家去享福快樂了。

廣東省農民協會印佈

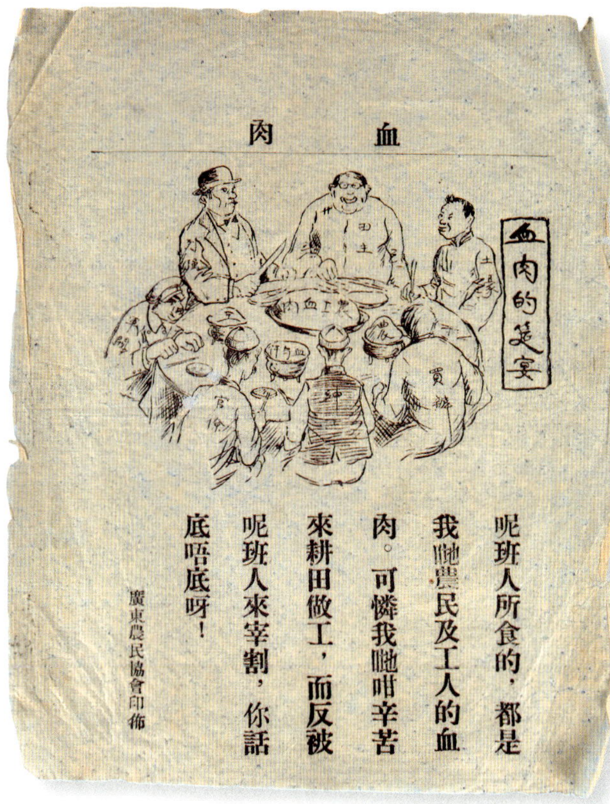

血肉

呢班人所食的，都是我哋農民及工人的血肉。可憐我哋咁辛苦來耕田做工，而反被呢班人來宰割，你話底唔底呀！

廣東農民協會印佈

1925年 广东省农民协会传单

长 21 厘米，宽 17 厘米

纸质

三级文物

广东省农民协会印制的传单包含《苦乐不均》《血肉》两张，均单张单面印刷，纸张基本完整，边沿有缺口。传单内容简洁，包含标题、漫画、宣传语、落款等部分，主要揭露帝国主义、封建主义的残暴和农民的苦难，号召农民投身反帝反封建的斗争。同时对被地主阶级利用的民众迷信团体神功仔采取攻心策略，以孤立敌人，争取支持力量。

农民长期受封建主义压迫，受教育水平较低。漫画凭借直观的形象、夸张的演绎、生动的叙事来传情达意、激发共鸣，对于在农村地区宣传革命具有良好效果。广东省农民协会印制的两张传单中，《苦乐不均》《血肉》以漫画和简单文字相辅相成，先以图画直观展现帝国主义、封建主义和官僚资本主义对农民的压迫，与农民的悲惨处境形成鲜明对比，最大程度上激发读者的情感共鸣，加强宣传效果；继而搭配贴合农村土话用语习惯的粤语文字，以“底唔底呀”等简单的导向性语言，进一步唤醒农民反帝反封建的革命意识。

广东省农民协会运用图文传单等方式宣传革命知识、动员农民群众，使不识字的底层农民在较短时间内认同革命理念、参加革命斗争，为农民运动集结了一批革命力量。这一成功做法也为全国农运工作提供了宝贵经验。

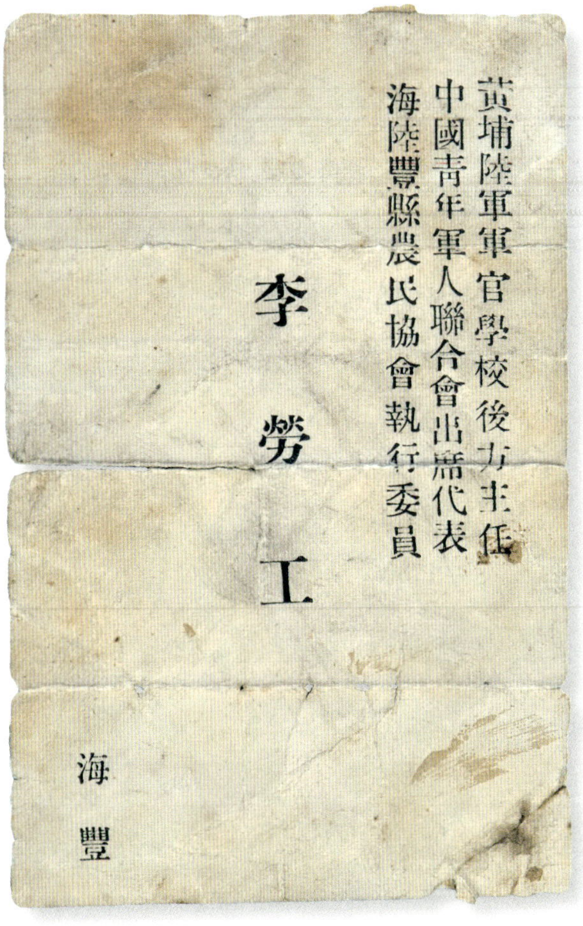

黃埔陸軍軍官學校後方主任
中國青年軍人聯合會出席代表
海陸豐縣農民協會執行委員

李勞工

海豐

1925年 李劳工的名片

长 11.7 厘米，宽 7.7 厘米

纸质

三级文物

1959 年入藏

名片正面中央竖排印写“李劳工”；右上方从右至左竖列李劳工的职务“黄埔陆军军官学校后方主任”“中国青年军人联合会出席代表”“海陆丰县农民协会执行委员”；左下角印有李劳工的家乡“海丰”字样。

李劳工（1901—1925），原名李克家，广东海丰人。1922年受彭湃影响，决定投身农民运动，改名劳工，以彰显“劳动神圣”。此后，积极协助彭湃开展农运工作。1923年7月，广东省总农会在海丰成立，李劳工当选执行委员，同时任农工部长兼宣传委员。“七五”农潮后，反动势力解散农会，李劳工等人转入秘密活动。1924年，李劳工加入中国共产党，同年入黄埔军校第二期学习。1925年1月，广东革命政府开展第一次东征，周恩来指示李劳工率领先遣队进入惠阳、海丰交界山区，率先占据东都岭、埔心岭的制高点，协助东征军击溃敌人，随后胜利占领海丰县城。受党组织委派，李劳工组织成立海丰农民自卫军并担任首任大队长，随后被委任为黄埔军校后方主任和东征军驻海陆丰后方办事处主任。1925年6月，东征军回师镇压杨刘叛变，陈炯明部乘虚重新进犯潮汕地区，8月进攻陆丰。情况危急之下，李劳工在陆丰做完善后工作后由山间小路回海丰。在翻越大德岭时，误入反动地霸陈丙丁的据点城林埔而被捕。1925年9月壮烈牺牲，年仅24岁。

名片是李劳工烈士为探索解救中国的革命道路，积极从事农民运动、军事斗争等多方面革命实践的重要见证。

1925年 海丰县农民协会会员证章

直径 3.2 厘米

铜质

三级文物

1959 年入藏

该证章为海丰县农民协会会员的身份标志，圆形，缺吊链。证章正面中央为一圆圈，内刻中国国民党党徽；圆圈外部至证章边缘为一红色圆环，圆环下部刻有犁头图案，圆环其余部分由右至左环形刻有“广东省海丰县农民协会会员证章”字样。

海丰是广东农民运动的发源地。1922年，中国共产党早期农民运动领袖彭湃等人率先深入海丰农村地区，动员海丰农民组成乡、约农会。1923年1月1日，在各乡、约农会的基础上，海丰县农民代表大会召开，会上成立了中国第一个县级农会——海丰县总农会，约10万人入会。随后，海丰县总农会带领农民展开争夺柴米集市、创办农民学校等一系列保护农民权益及反抗地主阶级压迫的斗争。“七五”农潮爆发后，海丰县总农会被反动地主势力强行解散，农民运动转入低潮。1925年3月，随着广东革命政府第一次东征的胜利挺进，海丰县农民协会正式成立。此前的海丰县总农会虽致力于维护农民阶级利益，但尚未提出推翻地主阶级统治的政治目标，本质上仍属于互助性群众组织。海丰县农民协会吸取此前斗争的经验教训，明确提出“农民们之敌人是帝国主义者、军阀和资本家、大地主，以后我们应准备向敌人进攻”，将农民运动与反帝反封建的国民革命目标紧密结合，谋取武装夺取农村政权，农民运动由此发展到一个全新的阶段。

广东省海丰县农民协会会员证章是广东农民运动蓬勃发展的历史见证。该证章结合国民党党徽和农民协会标志性犁头图案，印证了大革命时期国共合作的重要史实，具有重要的历史价值和纪念意义。

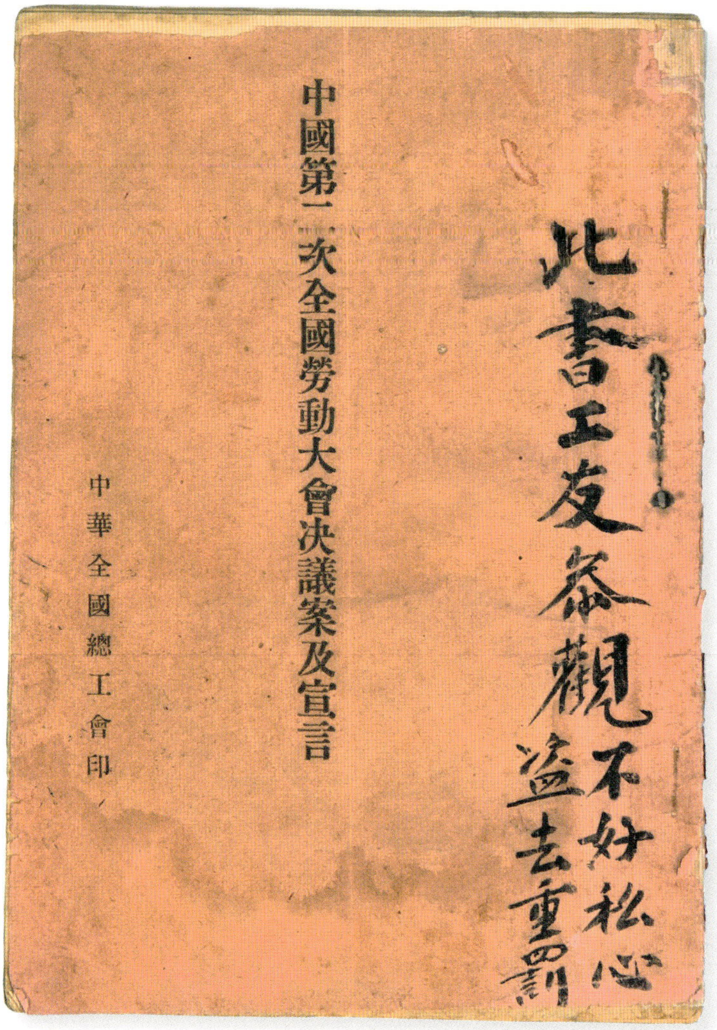

1925年《中国第二次全国劳动大会决议案及宣言》

长 18.7 厘米，宽 13 厘米

纸质

三级文物

1959 年入藏

该决议案及宣言由中华全国总工会印制，共38页，包含《工人阶级与政治争斗的决议案》《经济斗争的决议案》《组织问题的决议案》《工农联合的决议案》《中华全国总工会总章》《中国第二次全国劳动大会宣言》等内容。封面手写有“此书工友参观不好私心盗去重罚”字样，由此推测曾为某工会组织集体收藏。

1925年5月1日，为迎接工人运动高潮的再次到来，谋求全国工人阶级的团结斗争，在中华全国铁路总工会、汉冶萍总工会、中华海员工业联合会、广州工人代表会的联合召集下，第二次全国劳动大会在广州开幕。大会通过了工人阶级与政治斗争、经济斗争、组织问题、工农联合等30余个决议案；成立了中华全国总工会；通过了《中华全国总工会总章》；选出了25名执行委员，并选举林伟民为执行委员会委员长，刘少奇、郑振铎、邓培为副委员长，邓中夏为秘书长及宣传部长，李启汉为组织部长，杨殷为顾问；大会还决定中华全国总工会加入赤色国际。本次大会为新的革命高潮下的工人运动指明了方向，产生了全国统一的工会领导机关，实现了全国工会在组织上和政治上的团结与统一。

根据《中国第二次全国劳动大会决议案及宣言》封里的简短说明，中华全国总工会原计划印制详细记录此次大会的小册子，但因会后相继发生杨刘叛乱及省港大罢工等重大事件，无暇出版，因而“于大会召开后半年左右将决议案及宣言先行印出，以慰工友之期盼”。本书对全国工人运动当前面临的问题及未来发展的方向做出系统指引，明确中华全国总工会在工人运动中的领导地位，是“指挥全国工人奋斗的总机关”，号召全国工人“在中华全国总工会旗帜之下，一致团结，提携着贫农，联络着全世界无产阶级，共同奋斗”。

该决议案及宣言提供了中华全国总工会创立初期的组织架构、理念目标等珍贵历史信息，是研究其成立及大革命时期工人运动的重要原始资料。

1925年 粤汉铁路总工会会员证章

通长 5 厘米，宽 4 厘米

金属

三级文物

1959 年入藏

证章主体为盾牌形状，上方两角为圆孔，穿有吊链及挂钩，背面有挂针。章面文字和图案较模糊，上方边沿刻有“中华全国铁路总工会”；中部图案下方刻有“粤汉铁路总工会”；下方边沿中部刻有“会员证章”。1925年，粤汉铁路总工会加入了中华全国铁路总工会这一全国性的铁路工人组织，该证章即铁路工人团结斗争的历史物证。

1922年9月，粤汉铁路工人大罢工取得胜利。为巩固胜利成果，部署新的斗争任务，同年11月1日，徐家棚、岳州、新河、株萍四处工人俱乐部代表会议在湖南长沙新河车站召开，会议决定成立粤汉铁路总工会，并选举郭亮为总工会领导人。此前，粤汉铁路沿线的各站工人便在中国共产党的领导下，建立了各自的工会组织，并举行了诸多规模不等的罢工斗争。粤汉铁路总工会的成立，进一步凝聚了工人阶级团结斗争的伟大力量，推动全国铁路工人运动由分散走向团结。1927年5月，许克祥在长沙发动反革命政变后，粤汉铁路总工会被查封。

粤汉铁路总工会是全国铁路工人运动中最早组建的工会，是中国第一次工人运动高潮的果实，也是中国铁路工人团结斗争的阶段性成果。该证章是粤汉铁路总工会组织活动的直接见证，反映了中国铁路工人逐步由分散走向团结的历史过程。

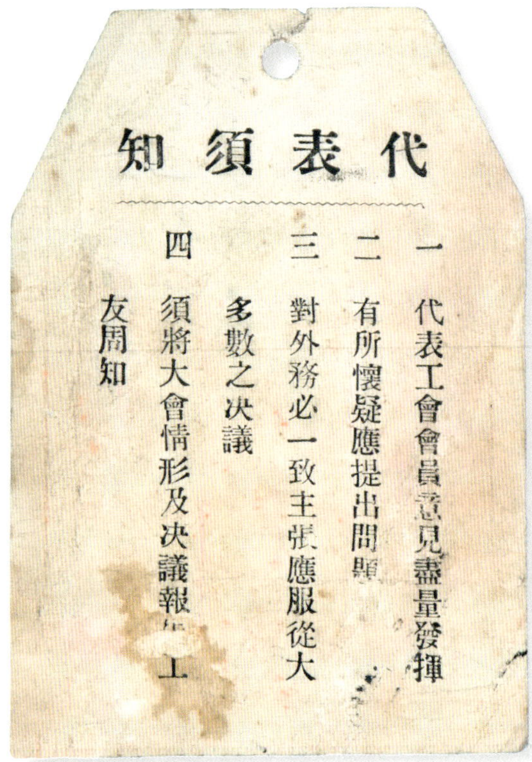

1925年 省港罢工工人代表大会代表证

长 11.3 厘米，宽 8 厘米

纸质

二级文物

1962 年接受捐赠

代表证上方有一穿系圆孔，正面上方横印“省港罢工工人代表大会”字样，下方记录了参会代表信息、会议时间及代表证编号“第七零二号”。其中代表姓名及月、日、代表证号为毛笔书写，据此可知该代表证为全港罢工委员会代表黄金源所有。

黄金源（1871—1944），广东花县人。曾任肉行持平总工会会长。省港罢工期间，黄金源任香港工团总会主席，对香港工团工人参与罢工有较大影响力。1925年6月30日，在中华全国总工会召集罢工工会代表开会选举罢工委员会及成立纠察队之时，受“黄色领袖”鼓动，黄金源径自以工团总会的名义召开香港各罢工团体代表大会，并在会上决议另立省港罢工委员会，抢先组建了纠察队。邓中夏、苏兆征等罢工领袖以团结为重，在说服黄金源放弃另组指挥机构后，即承认此次会议为合规的香港工团第三次代表大会，并决定沿用黄金源为纠察队队长。省港罢工工人代表大会于1925年10月底至11月初决议改总队制为委员制，选举纠察队委员会作为队伍的最高执行机关，沿用黄金源为委员之一，由此分散其权力，加强了共产党人的力量。

该代表证体现了省港大罢工中不同利益阶层互相抗衡的复杂性，也是中国共产党人化解分裂危机、促进罢工工人团结的成功例证。该证件背面印有代表须知四项，反映了省港罢工工人代表大会是听取罢工工人意见、决定罢工重大事项的最高议事机构，遵循少数服从多数的民主原则。

1925年 省港罢工委员会纠察委员会职员证章

直径 3.5 厘米

铜质

二级文物

1959 年入藏

省港罢工纠察队委员会职员证章上缘铸鼻纽，章面渡漆，正面边缘环绕红色工字形图案，中间以天蓝、绿、黄、紫色绘制港澳及周边地区地图，并标注“港澳”二字；背面外环铸有“中华全国总工会　省港罢工委员会”，中心圆圈内铸有“纠察委员会职员证章 No.11”字样。省港罢工纠察队委员会是纠察队的最高权力机关，先后设立过秘书处、训育处、军法处、军需处、军务处等部门。该枚铜证章为纠察队委员会职员所佩戴，用于表明身份。

纠察队由省港罢工委员会直接领导，最初实行总队制，即以总队为最高单位，由黄金源任总队长，邓中夏任训育长，既团结了工会领袖，又确保了共产党人对工人武装的领导。随着队伍内部营私舞弊等纪律问题的显现，1925年10月底至11月初，省港罢工工人代表大会决定改总队制为委员制，成立省港罢工纠察队委员会，作为队伍的最高执行机关，并选举黄金源、邓中夏、徐成章、何清梅等7人为委员，共同进行表决。11月9日，邓中夏起草的《纠察队委员会章程草案》在《工人之路特号》第136期上发表，推进了纠察队的制度化进程。

省港罢工纠察队委员会职员证章，是中国共产党领导早期工人武装的历史见证物。

1925年 **省港罢工工人代表大会代表证章**

通长 6.2 厘米，宽 2.7 厘米

铜质

三级文物

1964 年入藏

该证章上方配有挂链及挂杆，证章正面底色涂红，中央绘制白色五角星，五角星中心为红色的镰刀锤头标志，五个角上模印“省港罢工工人代表大会”；证章背面自上而下模印“中华全国总工会省港罢工工人代表证章”，底部模印证章编号“第六七三号”。

省港大罢工爆发后，20余万工人离开香港，其中10余万人到达广州。这些工人原本分属不同的工会和行会，隔阂较深，觉悟差别较大，难以凝聚成一支有组织的革命队伍。为了加强对罢工工人的统一领导，在中华全国总工会的推动下，作为本次罢工最高执行机构的省港罢工委员会于1925年7月3日成立。7月15日，省港罢工工人代表大会正式召开。省港罢工工人代表大会是领导省港大罢工的最高机构，集议事权、审核权、监督权于一身，由800多名代表组成，下设省港罢工委员会，具体执行大会的各项决议，并接受大会的监督和制约。省港罢工工人代表大会代表由选举产生，罢工工人通过代表向大会提出诉求，代表再将大会决议情况传达给工人，而负责执行的罢工委员会则由代表大会选举产生，由此保障了民主决策和执行效率。

该证章是代表的身份象征，也是省港罢工工人代表大会的历史见证，具有较高的历史意义和纪念意义。

1925—1926年 省港罢工纠察队臂章

长 11.5 厘米，宽 16 厘米

棉麻纤维

二级文物

1959 年入藏

省港罢工纠察队臂章面上的红色扣布与下底的白纱布车缝一起，正中用白布车缝一“纠”字。该臂章为省港罢工纠察队佩戴于衣袖上臂的身份证明。

1925年6月19日，为支援五卅反帝爱国运动，广州和香港的工人发起省港大罢工。6月26日，香港工团第一次代表大会召开，会上成立了省港罢工工人代表大会作为本次罢工的最高议事机关，同时设立省港罢工委员会为最高执行机关。为保障罢工运动有序进行，以中国共产党党员为主的罢工领导机构决定组建省港罢工纠察队，以执行粤地区与港澳间的封锁港口政策，打击英帝国主义。7月5日，省港罢工纠察队正式举行编队仪式。

纠察队的工人来自不同的工会组织，且多数不具备军事素养和技能。为解决纠察队“有兵无将”的问题，在中共广东区委的安排下，一批铁甲车队的官兵被抽调到纠察队，中共党员、铁甲车队队长徐成章担任总教练，此外还由黄埔军校选派部分毕业生来队中担任教练。现代化军事人才的补充不仅为纠察队带来了先进的军事知识，而且打破了各工会对其所属工人的领导，促进了这支工人队伍的融合和军事化建设。纠察队的定位并非简单的工人武装，而是要承担起反帝反封建的使命。

省港罢工纠察队在省港罢工委员会的领导下，封锁广州及港澳各港口，截留出口的粮食和进口的英货，实现了“香港每天要损失四百万元，英帝国主义之首都伦敦每天要损失三百万元”的目标，有效保障了省港大罢工的运行秩序，大大打击了英帝国主义。纠察队还大力支持东征、北伐和农民运动，为革命作出了重要贡献。

作为中国共产党领导的早期工人武装，省港罢工纠察队为中国共产党日后领导工人武装、组建革命军队积累了宝贵经验。

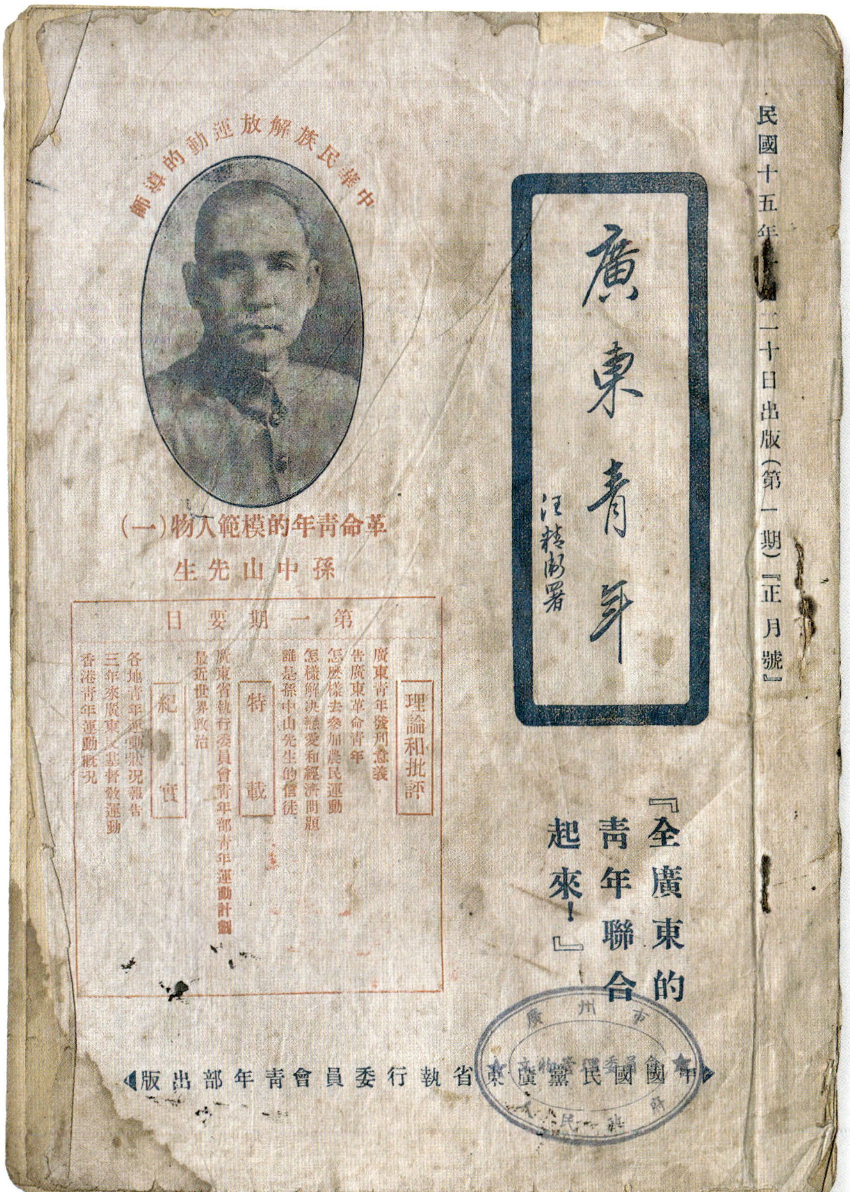

1926年《广东青年》第一期

长 26 厘米，宽 18.5 厘米

纸质

三级文物

1959 年调拨

该期封面左上方印有革命青年的模范人物——孙中山的头像；右下方提出刊物口号："全广东的青年联合起来！"本期共28页，刊载有《广东青年发刊意义》《告广东革命青年》《谁是孙中山先生的信徒》《最近世界政治》等文章。

《广东青年》第一期刊载的发刊意义阐明了本刊目标："纠正一切青年的错误思想和行动，使一切青年的思想都回到革命的路上。"

大革命时期，为了加强对广东地区青年运动的宣传和领导，1926年1月20日，在中国共产党的帮助下，国民党广东省执行委员会青年部创办了机关刊物《广东青年》。《广东青年》最初为月刊，后因读者需求增加，改为半月刊。虽冠以"广东"之名，但该刊的发行范围实则涵盖北京、上海、南京等全国重要城市。

《广东青年》受众包含学生、工人、农民、妇女等各阶层的青年群体，由此将青年运动与各团体的革命运动相结合，共同汇入国民革命的大潮流中。《广东青年》重点宣传三民主义，介绍青年运动及青年群体状况，通过社论点评来引导青年的价值观，使其走上革命之路。第一次国共合作破裂后，《广东青年》染上了反对共产党色彩，最终于1928年停刊。

《广东青年》第一期作为创刊号，阐发了办刊宗旨，指明了国共合作下青年运动的方向，是中国青年为争取民族国家独立而奋斗的历史见证。

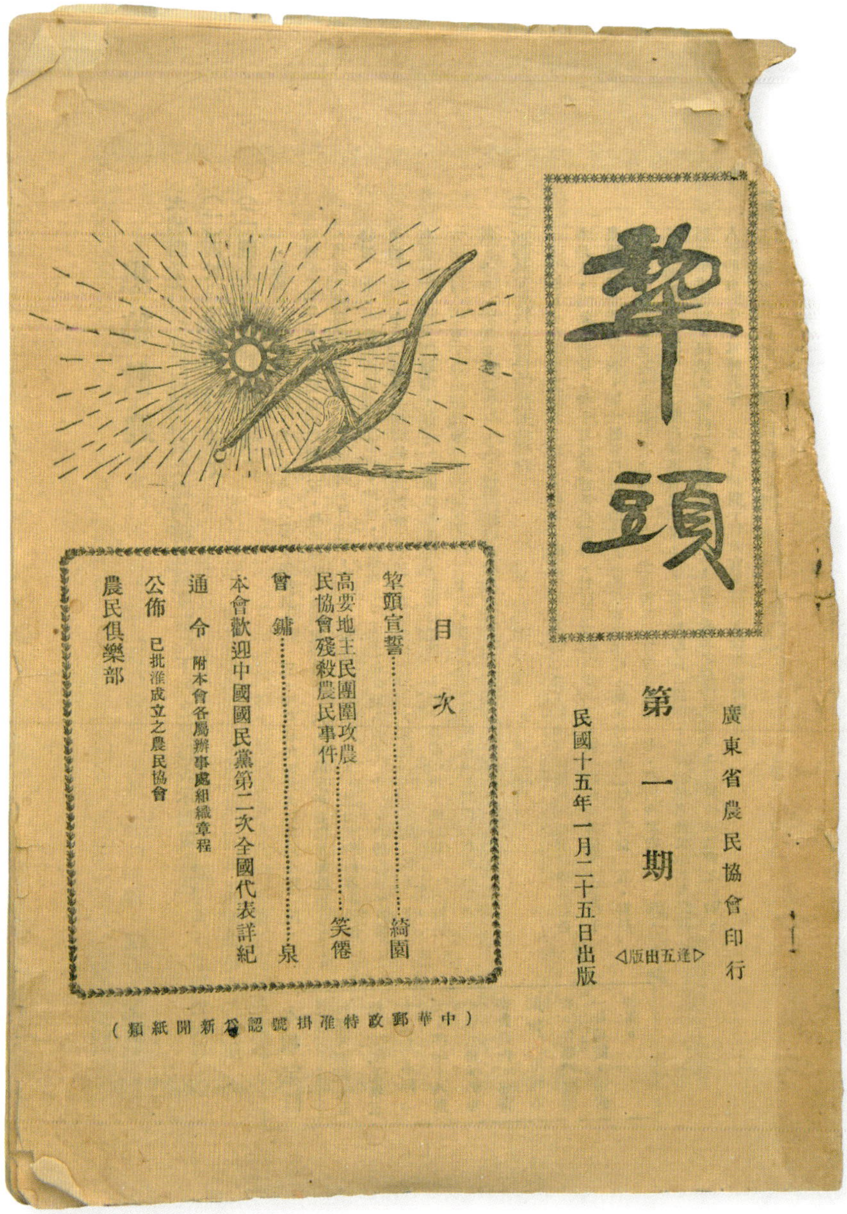
犂頭

第一期

廣東省農民協會印行

民國十五年一月二十五日出版

◁逢五出版▷

目次

犂頭宣誓……綺園

高要地主民團圍攻農民協會殘殺農民事件……笑儂

會鏟……泉

本會歡迎中國國民黨第二次全國代表詳紀

通令 附本會各局辦事處組織章程

公佈 已批准成立之農民協會

農民俱樂部

（中華郵政特准掛號認爲新聞紙類）

1926年《犁头》第一期

长 26 厘米，宽 19.3 厘米

纸质

三级文物

1964 年调拨

该期共 25 页，包含《犁头宣誓》(代发刊词)、《高要地主民团围攻农民协会残杀农民事件》、《本会欢迎中国国民党第二次全国代表详纪》等篇目，并附有各属办事处组织章程、批准成立之农民协会情况等。封面右上方竖框内印有“犁头”大字，左上方绘有中国国民党党徽和农民协会标志犁头，右下方竖排依次印有“广东省农民协会印行”、期号和出版日期，左下方方框内竖排印有本期目录。

《犁头》是广东省农民协会的机关刊物，1926年1月25日创刊。刊物开设有“论文”“报告”“农民俱乐部”“短评”“农民消息”“公告”“转载”等栏目，主要刊载农民问题的研究论文、调查报告和新闻报道，以及广东省农会的各种通令、文告与会务信息，此外还大量刊发揭露地主豪绅勾结贪官污吏、军阀和民团罪恶的文章，对国民党右派、反动政客进行无情抨击。刊物栏目丰富，文章多样，语言通 俗易懂，内容深入浅出，立足于农民运动的实际需要，及时反映农村现状和农民疾苦，交流农民运动工作信息，发挥了联系农民的桥梁和纽带作用。

除第一期外，广东革命历史博物馆还藏有《犁头》第三、第九、第十、第十五、第十七、第十八期，均为国家三级文物。其中，第九期和第十期、第十七期和第十八期为合刊形式，分别为“广东第二次全省农民代表大会决议案及宣言专号”和“花县惨案专号”。此外，第三期还印有“海康县农民协会”和“海康县农民协会筹备处”印章。

《犁头》前十期为旬刊，为增强宣传的时效性，自第十一期起改为周刊。封面名称也随之改为“犁头周报”。1927年1月7日出版第二十三期后，因国民党反动派持续打压农民运动而停刊。

《犁头》第一期为研究《犁头》杂志的办刊定位提供了一手资料，同时对研究1926 年广东省农民协会的组织及制度建设具有重要的史料价值。

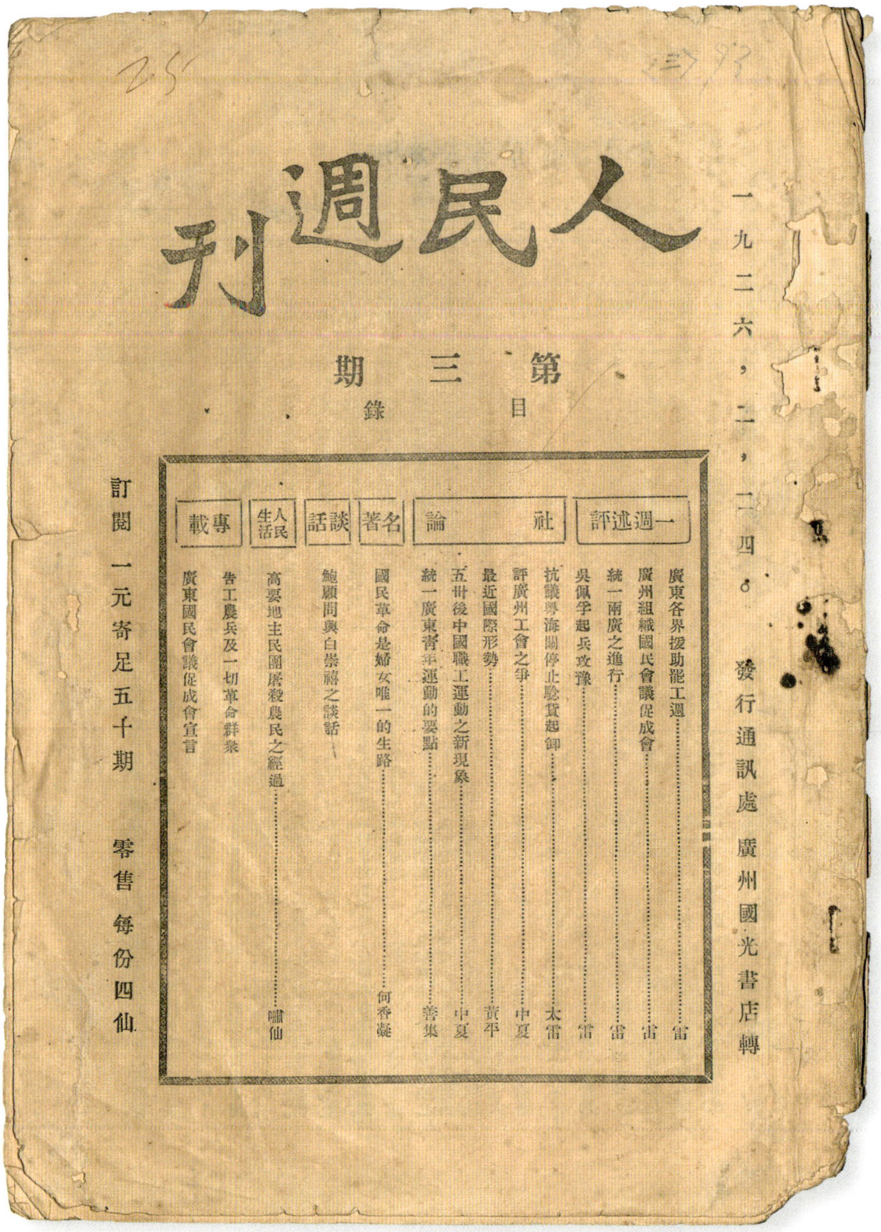

人民週刊

第三期

一九二六，二，二四。

目錄

一週述評
- 廣東各界援助罷工週……雷
- 廣州組織國民會議促成會……雷
- 統一兩廣之進行……雷
- 吳佩孚起兵攻豫……雷
- 抗議粵海關停止驗貨起御……太雷

社論
- 評廣州工會之爭……中夏
- 最近國際形勢……黃平
- 五卅後中國職工運動之新現象……中夏
- 統一廣東青年運動的要點……蓉集

名著
- 國民革命是婦女唯一的生路……何香凝

談話
- 鮑顧問與白崇禧之談話

人民生活
- 高要地主民團屠殺農民之經過……嘯仙

專載
- 告工農兵及一切革命群衆
- 廣東國民會議促成會宣言

訂閱 一元寄足五十期 零售 每份四仙

發行通訊處 廣州國光書店轉

1926年《人民周刊》第三期

长 27 厘米，宽 19.5 厘米

纸质

三级文物

1959 年调拨

《人民周刊》第三期为 16 开本，共 23 页，设有一周述评、社论、名著、谈话、人民生活、专载等栏目，刊载有主编张太雷以“雷”“太雷” 等署名的文章《广东各界援助罢工周》《广州组织国民会议促成会》《统一两广之 进行》《吴佩孚起兵攻豫》《抗议粤海关停止验货起卸》，另载有邓中夏的《评广州工会之争》和《五卅后中国职工运动之新现象》、何香凝的《国民革命是妇女唯 一的生路》、阮啸仙的《高要地主民团屠杀农民之经过》等文章。封面正上方写有刊名；右侧竖写“一九二六，二，二十四。发行通讯处 广州国光书店转”；左侧竖写“订阅一元寄足五十期 零售 每份四仙”；中间下方印有该期目录。末页印有刊物价目、分售处、发行通信处等信息。

《人民周刊》是中共广东区委的机关刊物。1926年2月7日在广州创刊，编辑部先后设在文明路75号3楼和东山龟岗二马路。周刊初为16开本，自第二十六期起改为8开本，每期出版1张半。该刊共出版50期，其中自创刊号至第二十九期由张太雷任主编，第三十期以后由任卓宣接任。该刊以宣传中国共产党的反帝反封建运动的方针政策为宗旨，经常刊登中共广东区委对于各项政治事件的宣言、公开信和宣传提纲等。张太雷以“雷”“太雷”“大雷”“泰雷”“春木”等笔名在该刊发表了70多篇文章。周刊出版到1927年4月10日停刊。广东革命历史博物馆现藏有第三、第十四至第十六、第十九、第二十六至第三十、第三十四至第三十九、第四十一至第四十五各期以及第三十二期的附刊。

《人民周刊》第三期刊登了中国共产党及国民党左派领袖关于工人、农民、妇女等群体革命运动的政治主张，为研究第一次国共合作时期工农运动的理论政策提供了原始资料。

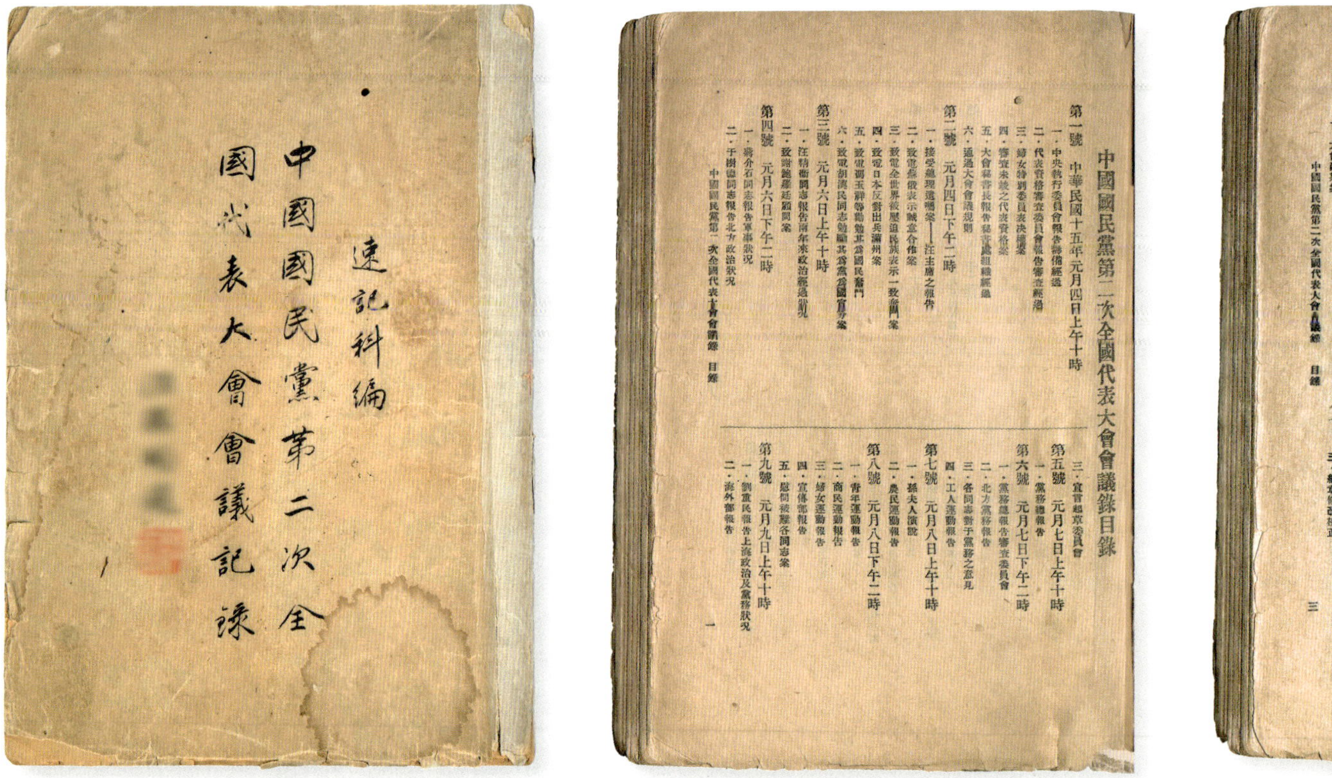

1926年《中国国民党第二次全国代表大会会议记录》

长 26.3 厘米，宽 19 厘米

纸质

二级文物

1959 年购买

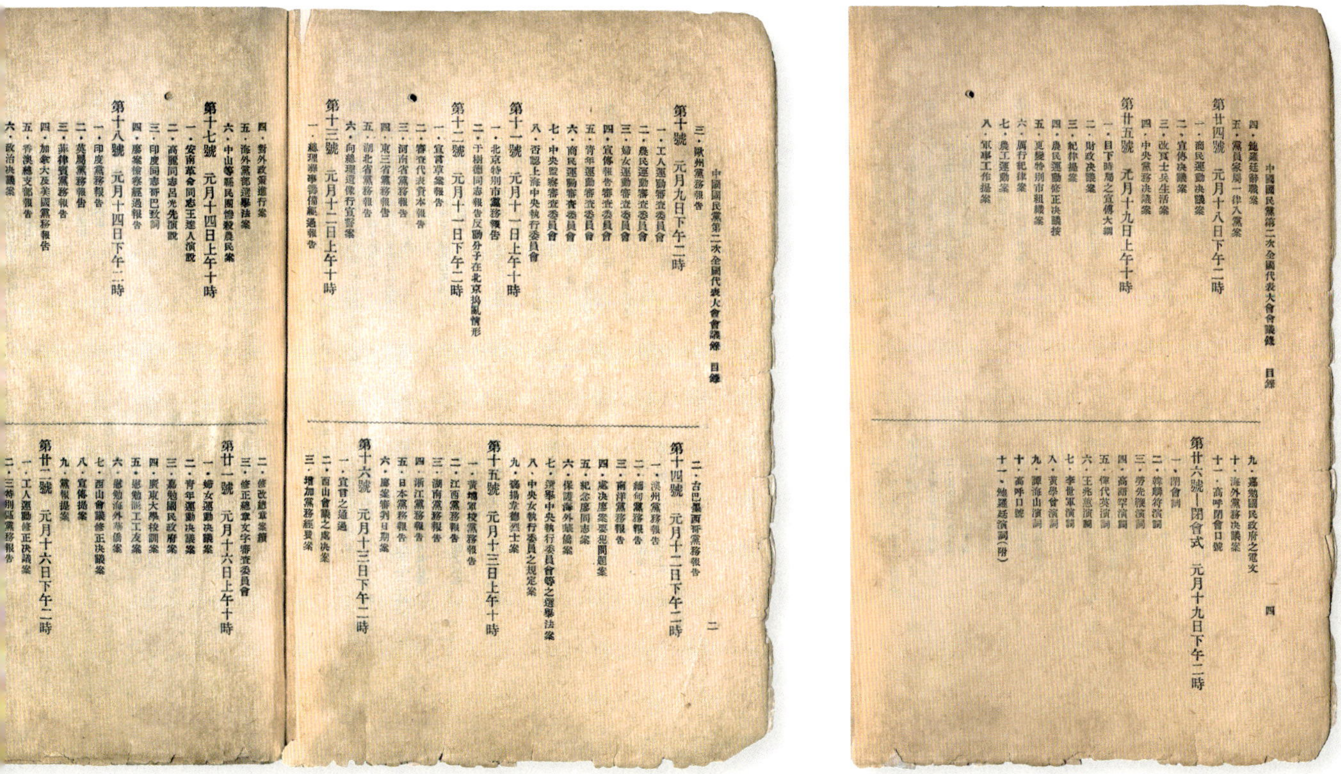

该会议记录共240页，铅印。封面印有“速记科编　中国国民党第二次全国代表大会会议记录”；封底印有宋体红字“中国国民党第二次全国代表大会谨以至诚接受总理遗嘱并努力实行之”。封底面、书脊边沿破损，有水迹、黄斑，内页存有多处粘贴痕。

中国国民党第二次全国代表大会于1926年1月1—19日在广州国民党中央党部礼堂（广东咨议局旧址）召开，与会代表256人。大会在中国共产党和国民党左派的共同努力下，通过了《弹劾西山会议决议案》，决定继续贯彻孙中山的遗嘱和联俄、联共和扶助农工三大政策，坚决维护革命统一战线。大会选举产生36名中央执行委员，其中有李大钊、林伯渠、吴玉章、恽代英等7名共产党员；候补执行委员24人，其中有毛泽东、邓颖超等7名共产党员。

该会议记录以记事体形式记叙了大会的全部经过，包括开幕典礼、闭会式、报告大会筹备经过、代表资格审查，以及大会讨论通过的52个提案、47个报告及宋庆龄等代表的演讲词，除少数分刊专册外，均记录在案。该会议记录还附有《中国国民党第二次全国代表大会预备会记录》及中国国民党第二次全国代表大会第一、第二、第三次谈话会记录。此外还记载了在广州观音山顶建一座国民党第二次全国代表大会接受总理遗嘱纪念碑的会议决定，以及全体代表举行奠基典礼的盛况。

《中国国民党第二次全国代表大会会议记录》是第一次国共合作及国民党党内建设的原始史料。

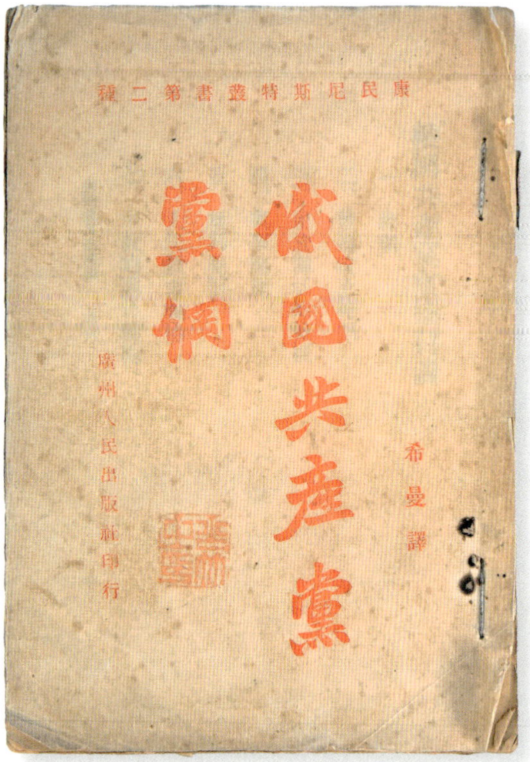

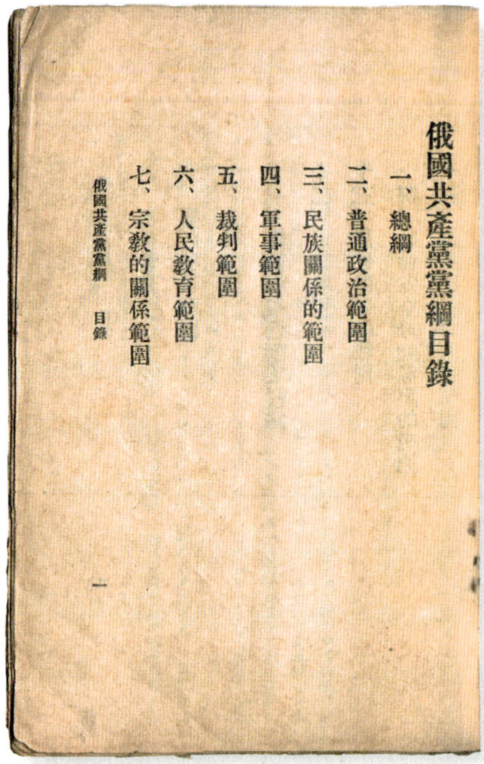

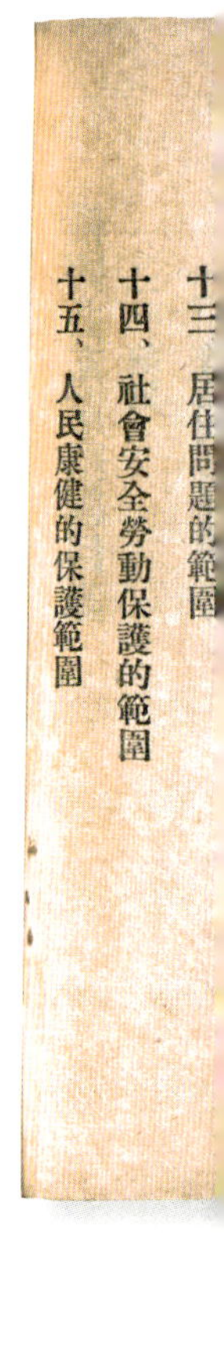

1926年《俄国共产党党纲》

长 18.8 厘米，宽 13.3 厘米

纸质

三级文物

1959 年购买

该书32开，共40页，内容有俄国共产党党纲目录及总纲、普通政治范围、民族关系的范围等15项。封面上方印有“康民尼斯特丛书第二种”，封面正中印“俄国共产党党纲”，右侧为“希曼译”，左侧为“广州人民出版社印行”，还盖有一方印章。书的尾页印有“公历1922年1月初版，西历1926年6月5版”及“定价大洋一角”等内容。

“康民尼斯特丛书”即“共产主义丛书”的音译，是早期研究马克思主义的重要出版物。中国共产党在成立之初，就非常重视出版工作。中共一大闭幕后不久，就在上海创办了党成立以来第一个出版机构——人民出版社，社址位于上海南成都路辅德里625号（今老成都北路7弄30号）。人民出版社的出版工作当时是在秘密状态下进行的。为了迷惑反动派，故意在书的封面和版权页上，把人民出版社的社名刊印为“广州人民出版社”，社址写为“广州昌兴马路26号”。

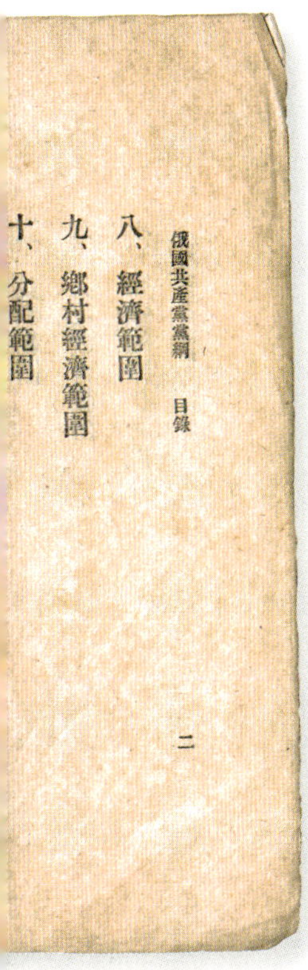
俄國共產黨黨綱 目錄
八、經濟範圍
九、鄉村經濟範圍
十、分配範圍
二

《俄国共产党党纲》全面阐释了列宁在苏俄新时期对马克思主义的理论继承与创新，规定了俄国共产党的性质与执政任务。该书不仅对中国共产党最初党纲的制定产生了直接的影响，而且对中国民主革命以及夺得政权后实行的人民民主专政和新中国第一部宪法都产生了深远的影响。

《俄国共产党党纲》译者张西曼（1895—1949），又名百禄，笔名希曼、煌言，化名张西望，绰号西曼诺夫、西曼斯基，湖南长沙人。1911年进入俄国东方语文专科学校，开始研究社会主义。1918年，张西曼搜集有关十月革命的著作和宣传品，用“希曼”笔名将其译成中文广泛散发。1919年7月，张西曼来到北京，在北京大学图书馆担任编目员。在李大钊的领导下，开始秘密组织马尔格斯研究会，大量搜集和购买有关社会主义的书籍。1922年1月，张西曼使用“希曼”笔名翻译并出版《俄国共产党党纲》。1935年，张西曼在中苏友好协会中担任常务理事。抗日战争期间，他公开宣传联俄、联共、扶助农工三大政策，被人称为西曼诺夫、西曼斯基。1949年7月10日在北京病逝。周恩来亲笔撰写“张西曼之墓”，田汉亲笔撰写墓志铭，称张西曼“权位不动，威武不屈，反帝与反封建，四十年如一日；风雪万里，追自由之光芒，埋骨于此，山岳皆香”。柳亚子则直呼张西曼为“堂堂张”。

这本《俄国共产党党纲》是研究马克思主义在中国的早期传播的重要历史物证。

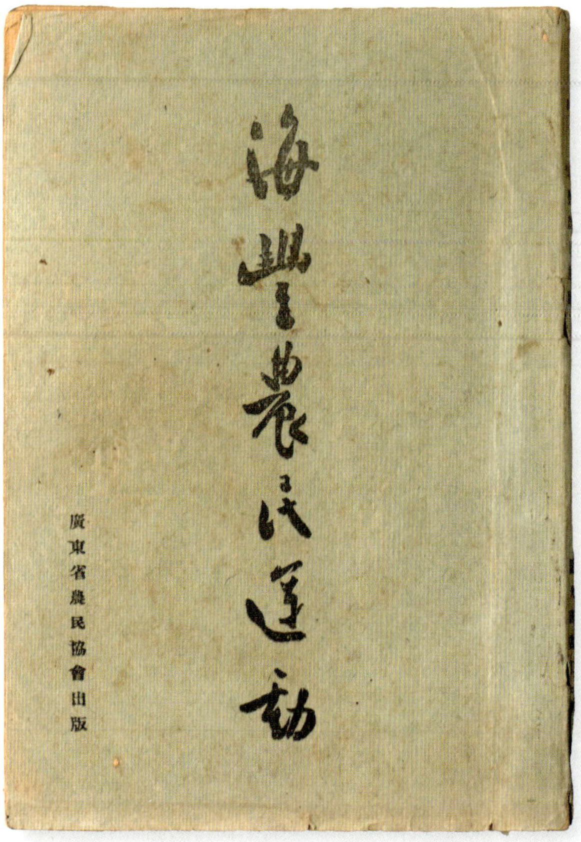

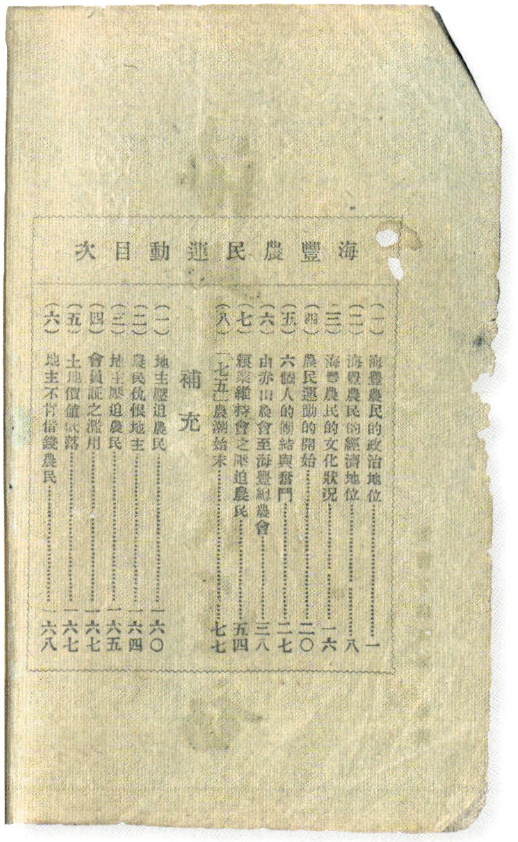

海豐農民運動目次

(一) 海豐農民的政治地位……一
(二) 海豐農民的經濟地位……八
(三) 海豐農民的文化狀況……一六
(四) 農民運動的開始……二〇
(五) 六個人的團結與奮鬥……二七
(六) 由赤山農會至海豐總農會……三八
(七) 糧業維持會之壓迫農民……五四
(八) 「七五」農潮始末……七七

補充

(一) 地主壓迫農民……一六〇
(二) 農民仇恨地主……一六四
(三) 地主壓迫農民……一六五
(四) 會員証之濫用……一六七
(五) 土地價值低落……一六七
(六) 地主不肯借錢農民……一六八

1926年《海丰农民运动》

长 18.3 厘米，宽 13 厘米

纸质

三级文物

1959 年购买

《海丰农民运动》作为广东省农民协会丛书之一种，由广东省农民协会编辑，彭湃著，1926年10月广州国光书店印刷发行。该书正文共168页，分为8节：海丰农民的政治地位、海丰农民的经济地位、海丰农民的文化状况、农民运动的开始、六个人的团结与奋斗、由赤山农会至海丰总农会、粮业维持会之压迫农民、“七五”农潮始末；后附6个补充材料。全书记述了海丰地区农村的状况以及开展农民运动、成立农会的历史。

《海丰农民运动》最初是以《海丰农民运动报告》为题连载在1926年出版的《中国农民》第一、第三、第四、第五期上，是彭湃在海丰从事农民运动的经验总结，同年收入农讲所编辑出版的《农民问题丛刊》第19种，首次印出单行本。1926年10月改名为《海丰农民运动》，作为广东省农民协会丛书之一种，周恩来题写书名，中共广东区委书记陈延年负责最后校订。

海丰地区是全国最早掀起大规模农民运动的地方。1922年7月，彭湃在海丰领导成立了“六人农会”，这是中国共产党领导的农会雏形。1922年10月，海丰县赤山约农会成立，会员多达500余人，遍及28个乡，这是中国共产党最早正式成立的农会。1923年1月，全国首个县级农会——海丰总农会成立，占全县人口1/4的农户参加，会员多达10万人。1923年5月，彭湃将海丰总农会改组为“惠州农民联合会”，包括海丰、陆丰、惠阳3县，会员有二十多万人。由此可见，海丰地区为全国农民运动的开展提供了组织经验和先行样板。

《海丰农民运动》是中国共产党早期领导农民运动的经验总结，本书曾由毛泽东推荐为农讲所的重要教材，是研究中国近代农民运动的重要史料。

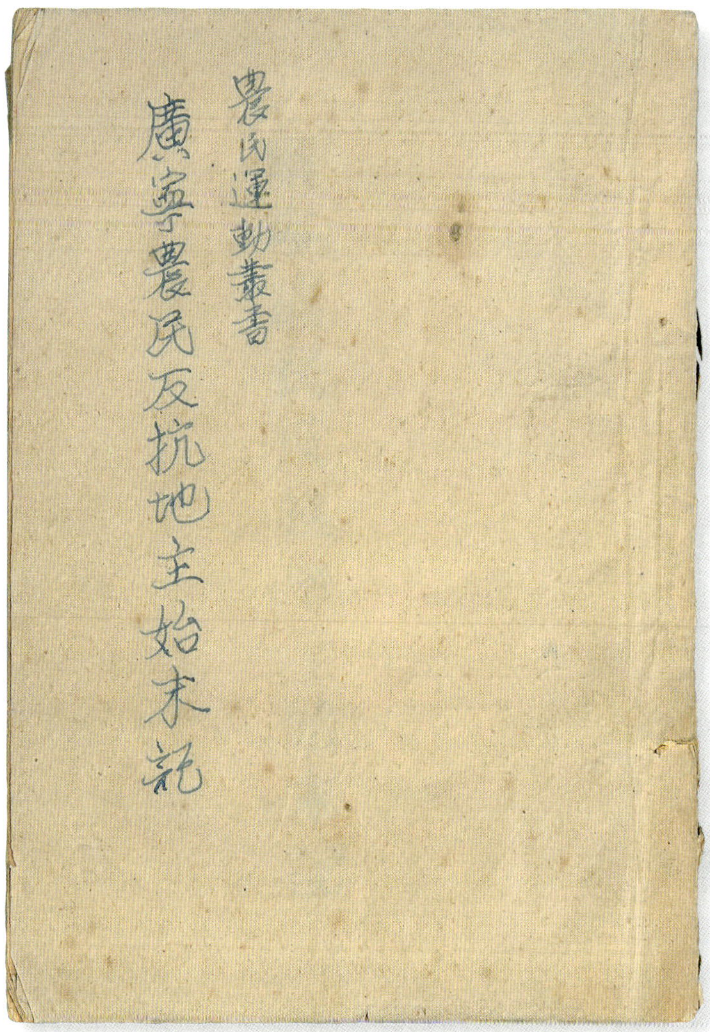

1926年《广宁农民反抗地主始末记》

长 18.5 厘米，宽 13.2 厘米

纸质

三级文物

1964 年调拨

本书介绍了作者周其鉴领导广宁县农民运动、对抗土豪劣绅的革命历程，共138页。分为“总说”“广宁农民运动之开始”“减租运动之时期”“武装斗争时期”等部分，内容包括广宁农民运动的肇始、成立各级农会过程、发起减租运动、与敌人的武装斗争与宣传工作等等。

周其鉴（1893—1928），广东广宁人，中共西江地委首任书记，大革命时期广东农民运动领袖之一。1918年，周其鉴赴广东省立第一甲种工业学校纺织科学习，时常与同校的阮啸仙、刘尔崧、张善铭等人讨论时事，探索国家前途命运，组织了多起反对帝国主义压迫和军阀政权腐败统治的爱国活动，包括联合罢课、抵制日货、示威游行等等。受俄国十月革命与中国五四运动的影响，周其鉴开始积极主动地学习马克思主义，逐渐成长为一个坚定的马克思主义者。他常常深入工人群众，宣传马克思主义思想，组织工人罢工以争取权利。

第一次国共合作期间，根据组织安排，周其鉴以国民党中央农民部特派员的身份，率队在广宁地区开展农民运动，成立了“广宁农会筹办处”与多个农会，打破地方顽固势力的阻挠。1924年广宁县农民协会成立后，广泛开展减租运动，土豪劣绅因此对周其鉴极为仇视，勾结国民党右派并组织地主武装与农民运动展开对抗。周其鉴对此毫不畏惧，积极部署，在中共广东区委和国民党左派领袖廖仲恺的支援下打败了地主武装。之后，周其鉴在广宁地区继续推动农民运动的深入开展，成立了西江地区最早的中共支部——中共广宁支部。该支部后扩大为中共西江地方执行委员会，是西江地区第一个全区性的党组织。

1926年1月，针对地主武装在高要、广宁等地区纠集土匪恶霸进攻农会所制造的“高要惨案”，周其鉴深入调查，组织农民自卫军配合叶挺独立团打垮了地主武装，再次有力地维护了农民运动的发展。同年，毛泽东在广州主办了第六届农民运动讲习所，周其鉴作为教员主讲广宁、高要、曲江等地的农民运动状况，他在这一时期写出《广宁农民反抗地主始末记》一书。广州起义失败后，周其鉴在清远开展革命活动，不幸被捕，1928年2月被秘密杀害，年仅35岁。

毛泽东称赞周其鉴领导的广宁县农民运动，是中国共产党独立自主领导农民运动的典型。《广宁农民反抗地主始末记》翔实记录了广宁农民运动的发展历程与斗争经验，对于研究大革命时期农民运动具有重要文献价值。此书被辑录于1926年9月编印的《农民问题丛刊》中，与其他几种介绍广东农民运动的书目一起，被毛泽东称为“全书最精粹部分”。

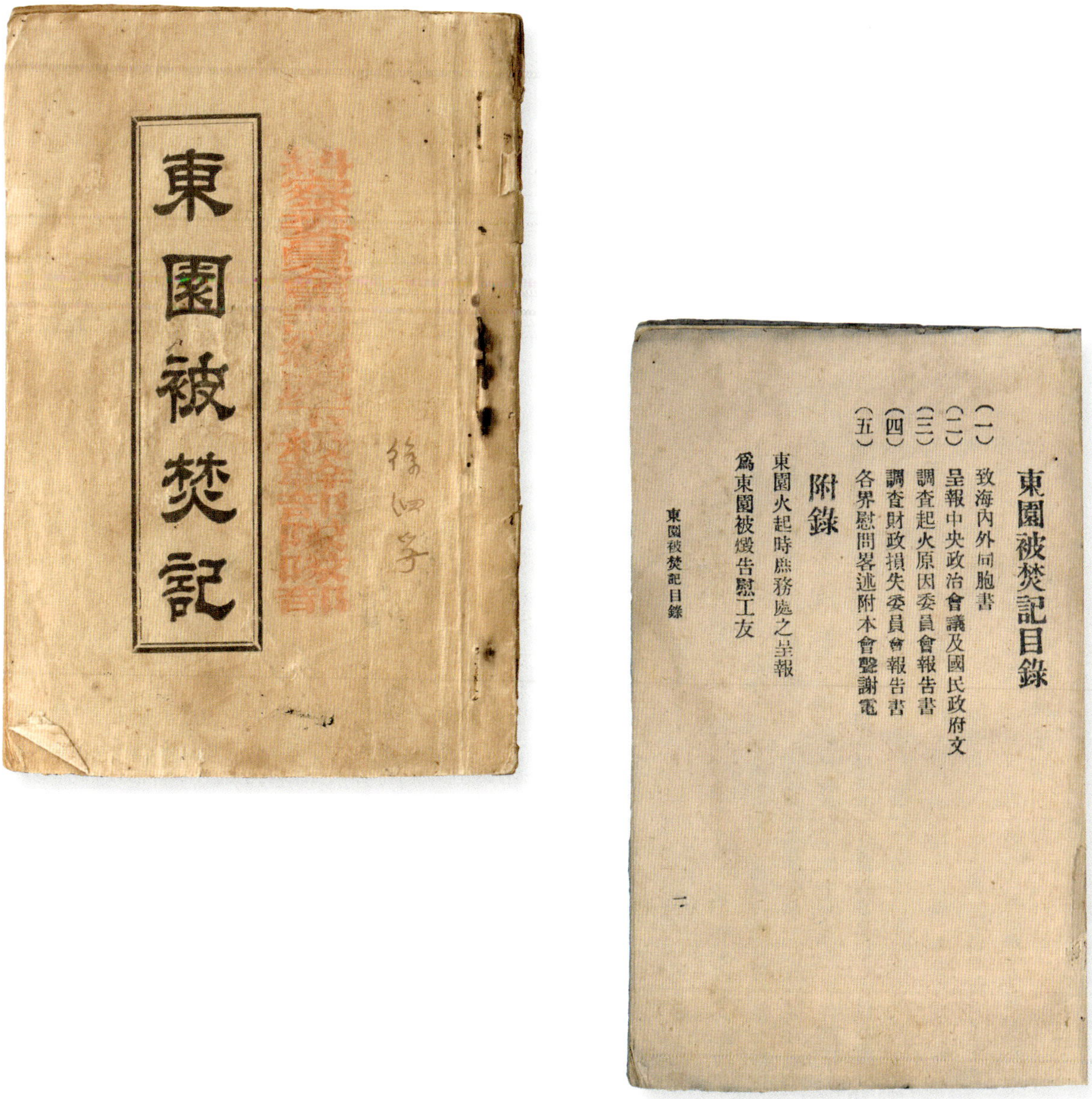

1926年《东园被焚记》

长 17.8 厘米，宽 12.4 厘米

纸质

三级文物

1960 年购买

该书由中华全国总工会宣传部、省港罢工委员会宣传部联合编印。封面偏左方框中竖印书名“东园被焚记”，书名右侧有红色的“纠察委员会训练处下级干部队队部”印章。全书正文共76页，记载了东园被焚之经过，内容分为五部分：(一) 致海内外同胞书；(二) 呈报中央政治会议及国民政府文；(三) 调查起火原因委员会报告书；(四) 调查财政损失委员会报告书；(五) 各界慰问略述附本会声谢电。另有附录《东园火起时庶务处之呈报》《为东园被毁告慰工友》两文。该书对事件经过进行条分缕析，以期达到“揭帝国主义走狗之阴谋，而固民族解放运动之战线”的目的。

东园是省港罢工委员会领导机关所在地，位于现广州市提翠路与东园路交界处。1926年11月6日，帝国主义收买反动分子纵火焚毁省港罢工委员会的房子和葵棚，仅有一座门楼和红楼前的一棵大树逃过此劫。事后省港罢工委员会立即组织调查起火委员会，将反映事件经过的报告及各界函电编印为《东园被焚记》。

《东园被焚记》揭露了敌人破坏省港大罢工的阴谋，对号召工人同帝国主义进行顽强斗争起到了积极作用，也为后世研究省港大罢工保留了珍贵史料。

1926年 罢工委员会登楼证

直径 2.7 厘米

铜质

二级文物

1978 年接受捐赠

该证章正面居中铸有“登楼证”三个大字，上部边沿铸“罢工委员会”，下部边沿为证章号码“No.661”，背后有别针。该证曾为省港罢工委员会会计主任何来所佩戴。

何来（1889—1948），广东三水人。广州起义时任广州苏维埃政府人民经济委员，后脱党。

1925年8月20日，国民党左派领袖廖仲恺遇刺罹难。鉴于彼时社会动荡，人员混杂，省港罢工委员会为中华全国总工会、罢工委员会及下属工会领导成员制发了登楼证，相关人员凭此证方可出入罢工委员会机关楼。

罢工委员会登楼证是省港罢工委员会安全保卫工作的见证物，直观反映了中国共产党领导省港大罢工时面临的严峻环境。

1926年 广东省农民协会大会纪念章

通长 6.8 厘米，宽 2.6 厘米

铜质

三级文物

1959 年入藏

该纪念章主体为长方形，上方配有挂链及挂杆。章体正面以蓝底长方形为底，其左上方刻有中国国民党党徽，右下方刻有犁头标志，挂杆正面刻有“全省第二次代表大会”字样；章体背面上方从右至左呈弧形刻有“广东省农民协会”，中部自上而下竖刻证章编号“第一〇九号”。

1926年5月1日，广东省第二次农民代表大会和第三次全国劳动大会在国民党中央党部（今广东革命历史博物馆所在地）联合开幕，主席团包括工界代表邓中夏、邓少山、苏兆征和农界代表周其鉴、原基等人。出席广东省第二次农民代表大会的代表来自省内48个县和1个市郊，共214人，代表着62万多名农会会员。有17个县因交通不便而未能派代表出席。除正式代表外，各县农民还有自费参会的列席人员百余人。除广东省内各级农会外，省外农会也积极响应，广西、福建、湖南、湖北、浙江、江苏、河南、山东、山西、贵州等省均派代表参加，安徽和热河则寄来该地农民运动的相关资料。由此可见，广东省第二次农民代表大会在某种程度上起到了全国农民代表大会的作用。至5月15日，大会听取了《中国国民党农民部两年来工作状况报告》《农民国际状况报告》《会务总报告》及潮梅海陆丰等6个办事处和各省农民运动情况的报告，通过了《农民运动在国民革命中之地位决议案》等30个决议案以及《广东省农民协会修正章程》。大会对广东省农民协会成立一年来所取得的成绩给予了充分肯定，选举彭湃、罗绮园、黄学增、阮啸仙、周其鉴等为广东省农民协会第二届执行委员，何耀等为候补委员。大会闭幕式上，第六届农民运动讲习所所长毛泽东发表了演说。

广东省第二次农民代表大会的召开，标志着广东农民运动发展的高潮，助推全国农运工作继续轰轰烈烈地开展。该纪念章是大会的代表性物证，见证了大革命时期广东农民运动发展的高潮，具有较高的研究价值和历史价值。

1926年 谭其镜的制服

衣长 68.5 厘米，裤长 89 厘米

棉麻纤维

二级文物

1982 年接受捐赠

该制服为1926年谭其镜任黄埔军校入伍生部政治部主任时所穿。上衣为暗黄色呢绒中山装，有里，翻领，领口处有补丁，有四个口袋，四粒铜纽扣为原来所有，最下一粒电木纽扣是后来钉上代替的；裤子为土黄色斜纹布西裤，有多处手缝补丁。整套衣服破损严重。

谭其镜（1904—1927），别号豁明，广东罗定人。1924年投笔从戎，考入黄埔军校第一期，不久加入中国共产党。毕业后留校工作，先后担任军校政治部政治指导员、组织科员、教导团连党代表等职，从事军校学生的思想政治工作，曾发表《怎样做一个政治指导员》等文章。1925年6月，受广东革命政府派遣赴东莞、宝安两地帮助训练农军。1926年3月，黄埔军校由陆军军官学校易名为中央军事政治学校，谭其镜被任命为入伍生部政治部主任。7月，国民革命军正式出师北伐，谭其镜任国民党中央军人部临时驻粤委员会委员，参与筹划和处理广东、广西、福建等省驻军的党务工作。同年冬，任中央兵工试验厂（即石井兵工厂）国民党党代表。1927年初，谭其镜担任军校国民党特别党部监察委员。广州“四一五”反革命政变时被国民党军警逮捕。4月26日，敌人极为残忍地将他捆缚起来塞进麻袋，沉入珠江，秘密杀害，牺牲时年仅23岁。新中国成立后，谭其镜被追认为烈士。

该制服是研究和展现黄埔军校师生学习生活情况的重要物证。

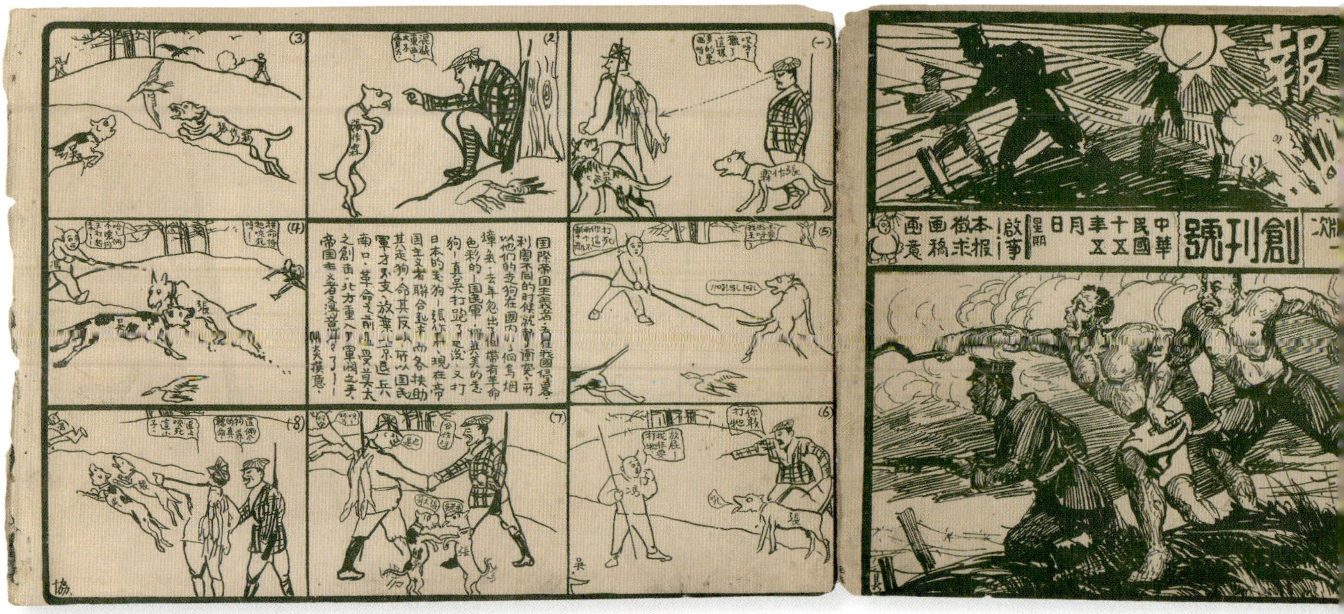

1926年《革命画报》创刊号

长 19.3 厘米，宽 27 厘米

纸质

一般文物

2018 年购买

《革命画报》是黄埔军校发行的唯一一种以漫画为主要宣传形式的革命刊物，由黄埔军校政治部宣传科编辑出版。《革命画报》创刊号为报纸型的单张画报，绿色单面印刷，一张四版。刊头漫画生动描绘了或端枪或策马的革命军战士冒着炮火冲锋前进的战斗场景，画面开宗明义，极具革命色彩。版头下方写明“中央军事政治学校出版”“每星期出版一次”“中华民国十五年五月　日　星期”等出版信息。

《革命画报》由梁鼎铭担任主编，1927年其调任国民革命军总司令部政治部中校艺术股长后，由时任政治部宣传科上尉编纂绘图员的弟弟梁又铭接手主编。梁鼎铭、梁又铭和梁中铭三兄弟都曾在黄埔军校任教官，是国民党军队中著名的战史画家，并称为“梁氏三杰”。兄弟三人也是《革命画报》的主要作者，经常以鼎、名、鼎铭、又铭、乙乙、工人、西玲、光郎等笔名在画报上发表作品。

广东革命历史博物馆藏《革命画报》共60期，均为报纸型的单张画报，单面石印，每期一张四版，每版一图或多图，配有简短的文字说明。除第38期“二七特刊”为彩印外，其他均为深浅不一的红、蓝、绿、褐等单色印刷。画报每周出版一期，此外还于重大政治事件或历史事件的纪念日出版特刊，此为画报一大特色，先后出版“五九特刊”“五卅特刊”等19期特刊。除特刊外，画报前48期逢周五出版（第49期因版头页缺失，具体情况不得而知），第50期起改为每周六出版。目前所见，《革命画报》最晚一期为1927年7月16日出版的第60期，彼时正值汪精卫发动“七一五”反革命政变。

《革命画报》在当时颇具影响力，每周发行量达四万份，堪比民国时期号称发行量最多、发行地区最广的通俗画报《良友》。画报充分发挥了漫画的宣传优势，抨击封建军阀和帝国主义，宣传孙中山的新三民主义，报道北伐战争的英勇战绩，呼吁国内外革命力量联合起来反对帝国主义，是宣传国民革命的重要舆论阵地，具有鲜明的时代性和战斗性。1927年国民党当局发动“四一五”反革命政变后，《革命画报》自第49期起受政治形势影响丧失了革命性。

由于战争环境不易保存，加之年代久远、传世较少，这份颇具影响力的画报如今却知者寥寥。《革命画报》为研究黄埔军校史、国民革命史提供了珍贵史料。

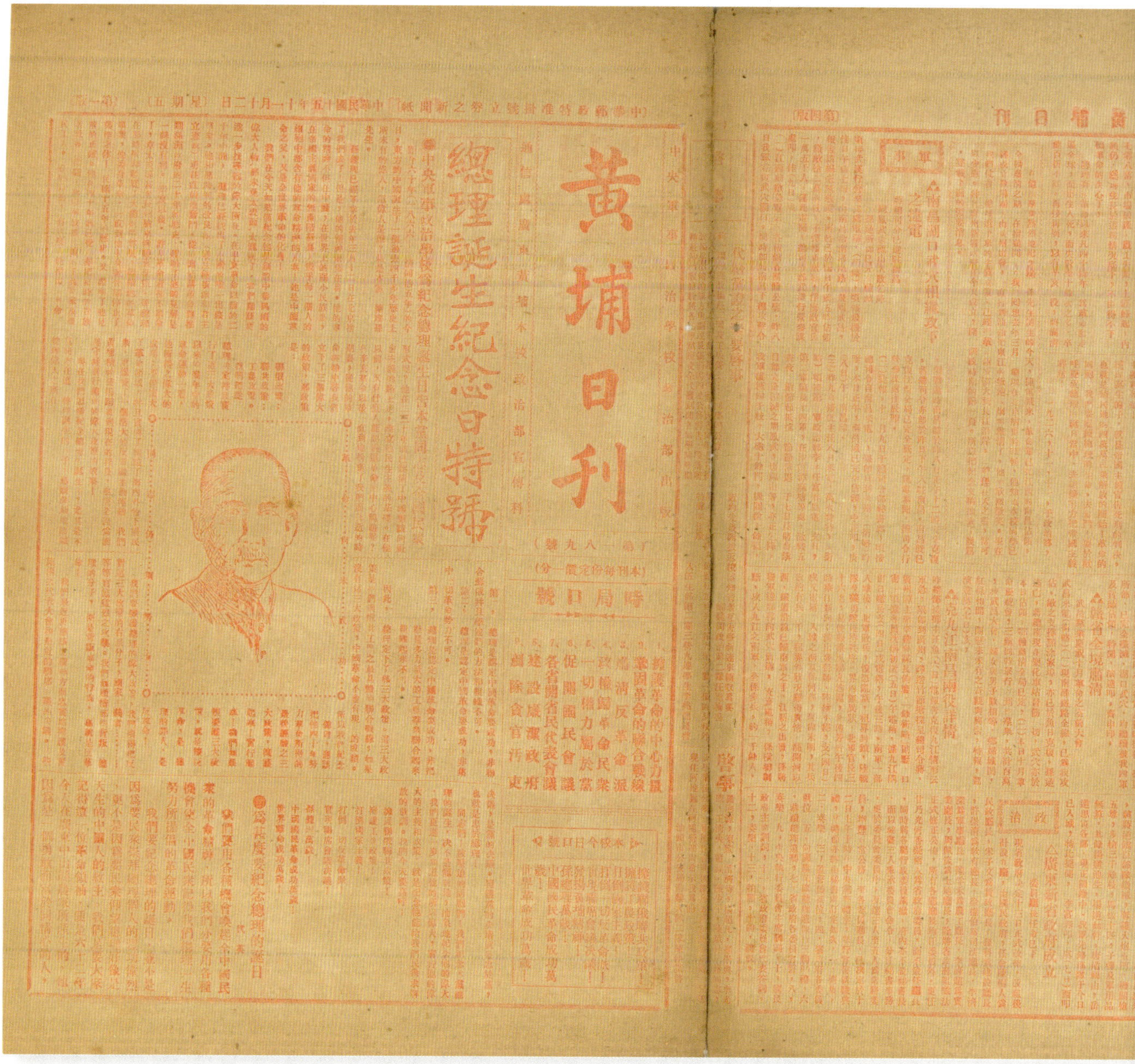

黃埔日刊

總理誕生紀念日特號

1926年《黄埔日刊》第189号（总理诞生纪念日特号）

长 39 厘米，宽 55 厘米

纸质

三级文物

2001 年购买

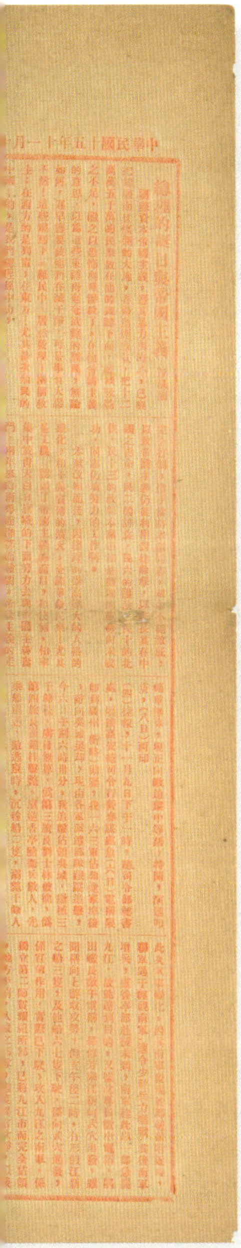

《黄埔日刊》第189号发行于1926年11月12日，为总理诞生纪念日特号。该期共四版，红色铅印，包括时局口号、军事、政治、启事、小通信等栏目。版头竖写“黄埔日刊”四字，两侧写有“中央军事政治学校政治部出版”“通信处广东黄埔本校政治部宣传科”，版头左侧竖写大字“总理诞生纪念日特号”。本期刊载了黄埔军校教官、学生多篇纪念孙中山的文章，如宋云彬的《革命家与宗教家纪念总理孙先生诞日》、恽代英的《为什么要纪念总理的诞日》、第二学生队陈鸿濂的《总理诞日告同志们》、第十四队学生高翔云的《我们应该怎样纪念总理》等，旨在通过纪念孙中山诞辰，号召人们发扬孙中山的革命精神、践行孙中山的革命主张。

《黄埔日刊》创刊于1926年3月3日，初期编委均为共产党员，恽代英、萧楚女、熊雄等为主要撰稿人，因而具有很强的革命性，时任军校教育长方鼎英称《黄埔日刊》为“革命洪钟”，军校政治部主任熊雄为《黄埔日刊》题字“东方被压迫民族的呼声，革命军人之道路”。

国民革命期间，为扩大政治宣传，军校曾出版了大量报纸杂志，《黄埔日刊》即为其中之一，并凭借发行历史最久、发行区域最广、发行量最多、影响广泛的优势，成为黄埔军校的机关报。《黄埔日刊》每日出版，单张四版，铅印，分栏编排，内容丰富，包括校闻、政治、军事、经济、杂讯、时局口号等。其中“革命之路”专栏所占版面最多，重点阐释革命理论及方法，同时刊载“政治问答”帮助黄埔学生扩充理论知识。此外，《黄埔日刊》还出版众多特刊、纪念刊，是政治教育的载体。

《黄埔日刊》在长洲岛发行至1927年11月30日，共472期。1928年3月黄埔军校本校迁往南京，《黄埔日刊》继续发行，刊物名称依旧，但发行期号从第1号重新开始。1929年10月22日发行至第349号，发行处由原来的“中央军事政治学校出版”改为“黄埔军官学校政治训练处”。1930年9月，《黄埔日刊》随广州黄埔军校的停办而终止。《黄埔日刊》自1927年广州“四一五”反革命政变发生后便丧失了革命性，由革命军人的进步刊物沦为国民党独家经营的反共刊物。

广东革命历史博物馆现收藏有《黄埔日刊》原件83期，该批史料在数量和保存完整性方面均首屈一指，较全面地反映了广州时期黄埔军校的教育、生活、思想等各方面情况，也反映了1926—1930年间中国的政治风云和内外斗争，是国内外研究黄埔军校不可多得的宝贵史料。

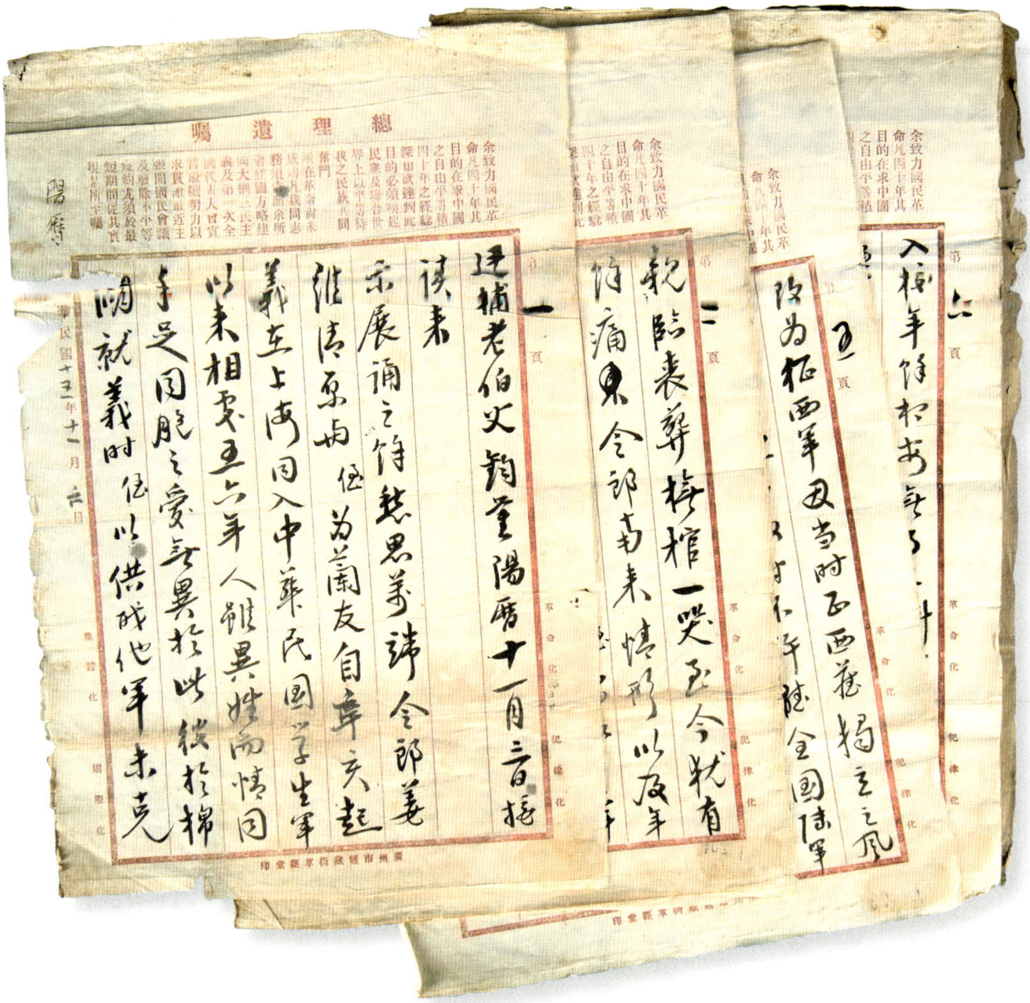

1926—1927年 赵煜给章琰家属的信

长 20.4—31.3 厘米，宽 20.3—27.3 厘米

纸质

三级文物

2004 年接受捐赠

该批书信共六封，其中五封是黄埔军校办公厅赵煜在章琰牺牲后就抚恤金汇寄及作传事宜给章父写的信，1926年11月6日的书信末尾还附有赵煜代章父起草的抚恤金申领函。另一封为黄埔军校政治部党务科就代寄抚恤金事宜发给赵煜的公函。这批信除1927年7月2日赵煜给章琰家属的最后一封信是用沾水笔书写在普通信纸上外，其余五封均为竖行格式，用毛笔书写在国民革命军中央军事政治学校的专用信笺上。

章琰（1896—1925），河北清苑人。1924年春到广州，入职黄埔军校任第一期政治教官，后加入中国共产党。1925年参加第一次东征，任黄埔军校教导一团第三营党代表，同年3月牺牲于棉湖战役，是该次战斗阵亡人员中职位最高的一位，也是东征中牺牲的第一位共产党员。1945年中共七大追认其为革命烈士。章琰是黄埔军校早期难得的军事理论家，他所撰写的《士兵日课问答》曾由蒋介石下令下发给教导团各营、连党代表作为教材使用。他牺牲后不久，黄埔军校政治部和黄埔特别区党部决定将其遗著《中国征兵制刍议》印成单行本，作为“中国军人社丛书”第一种刊行。1925年6月出版的《革命军》第六、第七期合刊专设“章琰遗稿”栏目，登载了《军需独立制概论》《三民主义革命军的新精神》《中国征兵制刍议》等3篇文章。

赵煜为章琰辛亥革命后在上海加入“中华国学生军”时结交的好友。赵煜曾先后毕业于云南陆军讲武堂第八期、保定陆军军官学校第三期骑兵科，历任滇军排、连、营、团长。1925年任黄埔军校军事教官兼办公厅第四科科长，后参加北伐战争。赵煜给章琰家属的书信即其任黄埔军校办公厅人事科长时所写。

由于牺牲较早，或因其共产党员身份，目前所见的黄埔军校同学录和教职员名录中都没有章琰的名字，一些资料和回忆录还误将章琰写作“章炎”“张致”等，至于章琰的生平事迹，更是难以查考。赵煜在书信中概略介绍了章琰1911—1924年间的经历，为还原章琰被湮没的生平提供了宝贵资料，也有助于澄清章琰既有史料中的部分细节，如章琰原名姜维清，后相继改名姜维青、章仑、章云（号梦云）；再如章琰并非保定陆军军官学校毕业生等。

章琰是早期黄埔军校共产党人中的佼佼者，在军事理论上建树颇多，为党的直接建设和掌握武装力量作出过重要贡献。这六封书信提供了章琰的出生时间，来黄埔军校就读之前的履历等关键信息，对考证章琰生平事迹具有重要作用。

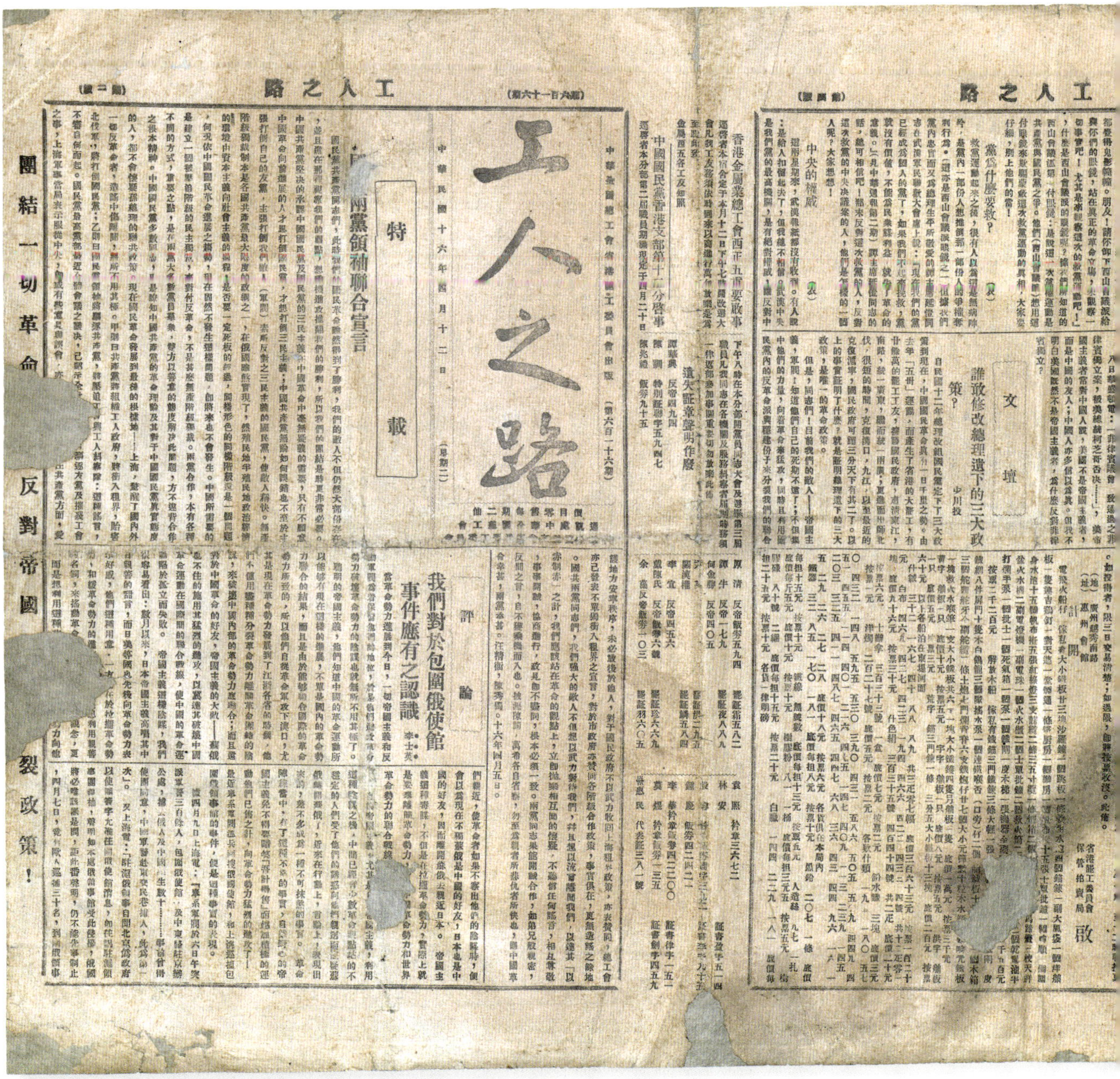

1927年《工人之路》第616期

长 39.6 厘米，宽 54 厘米

纸质

三级文物

1964 年调拨

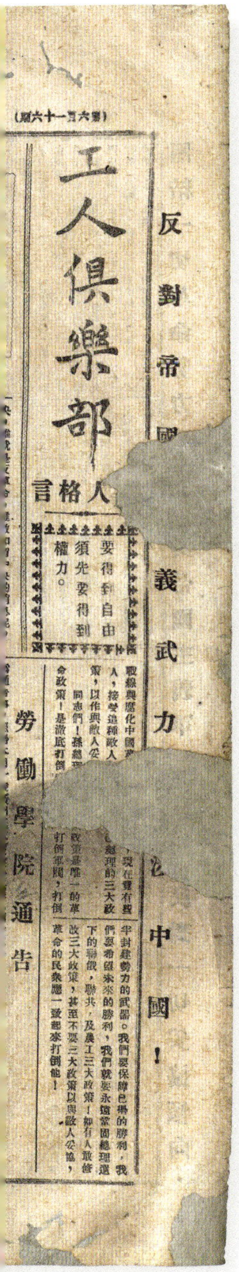
工人俱樂部

勞働學院通告

《工人之路》第616期是该报出版的最后一期。该期第一版右上角竖写“工人之路”报名以及出版者、出版时间、期号、价钱、通讯处等内容。第616期特载《国共两党领袖联合宣言》，针对北伐期间关于“共产党将组织工人政府”“国民党将驱逐共产党”的传言进行回击，表示两党应“站在革命的观点上，立即抛弃互相间的怀疑，不听信任何谣言，互相尊敬，事事开诚，协商进行，政见即不尽同，根本必须一致”。同期还刊登了多篇反击国民党右派的评论文章，由此可见“四一二”反革命政变前夕国共两党的紧张关系。因历史久远，辗转保存不当，报纸边沿缺损严重。

1925年6月24日，《工人之路》改版为《工人之路特号》，由中华全国总工会和省港罢工委员会合办，作为省港罢工委员会的机关刊物，由中华全国总工会宣传部长、省港罢工委员会顾问、罢工委员会党团书记邓中夏担任主编。同年10月，中华全国总工会迁至越秀南路89号惠州会馆二楼，《工人之路特号》编辑部也随迁至此办公。从第183期开始报头改为“工人之路”，直到第616期，报头均为“工人之路”。

《工人之路特号》初期由郭瘦真主笔，后改为蓝裕业和李时英，副刊主笔为罗伯良，邓中夏、苏兆征等为主要撰稿人。该报设有重要文告、时事短评、省港罢工要闻、国内要闻、国外要闻、工人俱乐部和名人演讲等栏目，后增设“小孩子周刊”和“工人常识”专栏，主要登载有关省港大罢工的消息、国内外工人运动等新闻报道。自第118期起，该报的大众化和趣味性增强，更加符合工友群众的阅读需要。随着版面内容的丰富，该报发行量由最初的每日印刷3000份，增至最多时的每日万份。1927年4月12日，在广州“四一五”反革命政变前夕，《工人之路》出版至第616期后停刊。

《工人之路》是大革命时期中国共产党领导下出版时间最长的一份工人日报。20世纪50年代初，中华全国总工会曾将收集到的《工人之路》编成5册影印本，但只汇编到第553期。广东革命历史博物馆独家收藏的《工人之路》第616期，既可弥补现有出版史料的不足，也为确定停刊时间提供了依据，同时真实再现了第一次国共合作破裂前的工运情况，具有重要的研究价值。

1927年 **中国国民党党立妇女运动讲习所学员毕业证章**

直径 2.3 厘米

金属

三级文物

1965 年入藏

证章呈圆形，上方铸有鼻纽。正面中心刻有孙中山头像，四周环绕“中国国民党党立妇女运动讲习所学员毕业证章”字样，正下方雕刻一颗五角星；背面正中刻有中国国民党党徽，左右两侧弧形对称模印孙中山遗训“革命尚未成功 同志仍须努力”。

第一次国共合作时期，为推动妇女运动的发展，解决妇运人才匮乏的难题，在中国共产党的协助下，国民党中央妇女部于1926年9月15日创办了妇女运动讲习所，地点设在国民党中央党部（广东咨议局旧址），何香凝任所长，蔡畅任教务主任，招收学员100余人，学时半年。妇女运动讲习所旨在培养妇运干部，开设了中华民族解放运动史、工人运动、农民运动、妇女运动、国民党党史等课程，先后聘请恽代英、邓中夏、彭湃、邓颖超等工农妇运领袖为教员，在注重书本学习的同时也积极参与社会实践，为北伐的群众动员工作作出了贡献。妇女运动讲习所培养了一批妇女运动骨干，如女共产党员徐克峻、左联烈士洪灵菲夫人秦孟芳等，她们毕业后分赴各地开展妇女运动，成为中国妇女运动的重要力量。

该证章作为妇女运动讲习所的纪念性见证物，为研究第一次国共合作时期的妇女运动提供了实物资料。

1927年 中央军事政治学校武汉分校证章

通长 3.8 厘米，宽 3.6 厘米

铜质

二级文物

1965 年购买

证章呈心形，上有穿系小孔。章面刻有“中央军事政治学校证章573武”字样，其中“573”是序号,“武”代表武汉分校。章背左上方有斧头、镰刀、枪杆交叉图案，代表工人、农民、士兵联合革命；右上方有国民党党徽；中间有一“中”字，指代中央军事政治学校；正下方地球图案上模印军校校训“亲爱精诚”。

武汉中央军事政治学校亦称黄埔军校武汉分校。1926年10月，国民党中央委员与各省市党部及海外代表联席会议在广州作出决议，军事政治学校除黄埔外可于其他各省地方设立。10月底，北伐军攻克武汉，国民党中央决定将之前计划在武昌筹设的政治训练班，改名为中央军事政治学校政治科，面向全国招考学员，并委任邓演达为政治科主任。1927年1月，设在黄埔的中央军事政治学校政治、炮兵和工兵大队先后迁来武汉，武汉国民党中央委员、国民政府委员临时联席会议决定将政治科扩充为中央军事政治学校武汉分校，校长和党代表分别为蒋介石、汪精卫，邓演达任代理校长。2月，该校在武昌两湖书院校址举行开学典礼。3月，国民党中央决定改校长制为委员制，军校更名为中央军事政治学校。谭延闿、徐谦、恽代英、邓演达、顾孟余五人组成校务委员会，实际工作由共产党员恽代英主持。该校基本沿袭黄埔军校制度，军事与政治并重，主要培养连排级干部。7月，该校第六期入伍生被改编为国民革命军第四集团军第二方面军军官教导团，军校正式停办。

该证章是中央军事政治学校武汉分校的历史见证物，具有独特的历史意义和纪念价值。

1927年 **广州起义工人赤卫队员佩戴的红布带**

长 73 厘米，宽 10.3 厘米

棉麻纤维

一级文物

1959 年接受捐赠

这条红布带和广州起义标语、工人赤卫队用过有孙中山头像的怀表、指南针，都是广州起义时工人赤卫队第一联队第一中队长杨馨坤和其战友高平玉的遗物。1959年，这批文物在谢华家中被发现，由广州起义参加者梁仁声一并捐赠给广东革命历史博物馆藏。

广州起义爆发前，起义总指挥部决定将红布带作为参加广州起义成员的标志，所有人员都须缠在手臂或颈项上。因计划泄露，起义提前至1927年12月11日举行。因红布带准备不充足，许多起义军民便将家里的红被面撕成一条条或是将白布染成红布来使用。当时正值阴雨天气，红布带遇水褪色，在革命军民的身上留下了红色印记。起义失败后，反动军队展开疯狂屠杀，凡发现身上带有红色印记的人都被杀害。

广州起义失败后，部分工人赤卫队员撤退，杨馨坤回到自己的家乡英德黎洞乡南坑莲花坳，把随身带回来的孙中山头像怀表、指南针、标语、红布带等物品留下，随即又投身革命运动最前沿。后来杨馨坤参加广宁农民起义，被捕牺牲。1959年，曾在宿山开展联络工作并参加过广州起义的梁仁声，重回宿山探望亲友，发现了这批物品，后将其捐赠给广东革命历史博物馆。

广州起义和南昌起义、秋收起义一起，成为中国共产党独立领导革命战争和创建人民军队的伟大开端，在中国共产党和人民军队的发展史上占有重要地位。红布带作为广州起义的标志物，是南粤人民为中国革命事业英勇奋斗牺牲的重要见证。

1927年 广州起义工人赤卫队使用的怀表

通长 6.2 厘米，表面径 4.2 厘米

金属表身，玻璃外壳

一级文物

1959 年接受捐赠

怀表表面黑色，阿拉伯数字为金色，时针和分针为孔雀蓝色，下方小圆圈为秒针，机芯有“Swiss Made”“cal.89”字样。时、分、秒针均已脱离，正上方有孙中山头像。

这块怀表是广州工人赤卫队第一联队第一中队长杨馨坤在起义过程中使用过的。起义总指挥部为了使教导团、警卫团和工人赤卫队等多支武装力量能够根据时间统一行动，故派人在广州、香港等地购买了一批当时流行的印有孙中山头像的怀表，派发给各位指挥员使用。广州起义爆发后，教导团分为东路、中路和南路三路，向沙河、燕塘、广州市公安局、广东省政府、观音山等地发起了进攻，这些怀表在起义队伍协同配合、统一行动的过程中发挥了重要作用。新中国成立后，梁仁声将此怀表及其他几件珍贵的广州起义文物一同捐赠给广东革命历史博物馆。

这块怀表是见证广州起义的重要历史物证。

1927年 广州起义工人赤卫队使用的指南针

通长 9.8 厘米，表面径 3.5 厘米

玻璃，铜质

1927 年

一级文物

1964 年接受捐赠

该指南针表盘正面为玻璃罩，表盘四周及背面为铜外壳，有一个用铜线绕成、带有穿绳孔的手柄。表盘正中圆圈内“东南西北”为红体字，铜指针居于其中，周围有地支12个字，为黑体字。背面模印“上海元昌”字样和“2”字形花饰。

1927年12月广州起义前夕，为了帮助指挥者在战斗中辨清方向，起义总指挥部特地购买了一批指南针，分发给各级指挥员使用。该指南针即广州工人赤卫队第一联队第一中队杨馨坤所用之物。广州起义失败后，杨馨坤撤退至粤北英德宿山开展地下工作，他坚信革命终将胜利，于是把指南针和广州起义的其他用品一起埋在当地坟坑的骨灰坑里。

这枚指南针是广州起义的重要历史物证。

1927年 **广州起义工人赤卫队梁梅枝使用的铁刀**

长 43 厘米，宽 6 厘米，厚 0.3 厘米

铁质

一级文物

1964 年接受捐赠

这把铁刀是广州起义中工人赤卫队第一联队第二中队长梁梅枝使用的武器。刀刃钝而崩缺，刀柄有护手。

广州工人赤卫队是在国民党发动反革命政变后，各进步工会如“剑仔队”“工人自救队”“省港罢工工人利益维持队”等共同组织起来的一支武装队伍，也是中国共产党发动广州起义的一支重要力量。工人赤卫队被编为7个联队和2个敢死队，包括消息局与汽车队，共3000余人，周文雍为总指挥，徐向前曾任其中一个联队的队长。在党的领导下，工人赤卫队在组织和训练上得到加强。

在发动广州起义之前，工人赤卫队就做了很多重要的准备工作，包括动员各地区工人群众参加起义、秘密制造武器、探取情报消息、研究作战部署等等。在梁梅枝所在的工人赤卫队第一联队包括打石、电务、油业、汽车等工会约600人的工人武装中，只有少数人有枪支，其他工友都是结合生产生活情况，自备一些刀棍、锥剑、铁条等作为武器与敌人展开战斗。在这种艰苦的条件下，第一联队与罢工工人敢死队毅然担当起协助教导团士兵攻打广州市公安局的艰险任务。

广州苏维埃政府成立后，工人赤卫队又立即投入发动群众参加革命队伍、清查反革命分子的斗争中去，为巩固新生的广州苏维埃政权而奋斗。

广州起义失败后，梁梅枝将这把铁刀埋藏至万福桥的一条小巷地下，广州解放后由其本人挖出，并于1964年捐赠给广东革命历史博物馆。这把铁刀见证了广州工人赤卫队在广州起义中英勇无畏的革命精神。

1927年 广州起义工人赤卫队陈贯使用的铁锥

长 42 厘米

铁质

一级文物

1959 年接受捐赠

该铁锥是广州起义爆发时工人赤卫队第一联队第二中队第一小队长陈贯使用的武器，铁锥前段是实心方铁尖锥形，后段是空心卷形，尾部有一小孔，作插上木棒时加固用。

工人赤卫队虽然武器装备简陋，缺乏系统的作战经验，但在广州起义中依然体现了坚定的革命意志与不惧牺牲的战斗精神。在1927年12月12日保卫观音山的战斗中，工人赤卫队坚守阵地，几度打退敌人进攻，“赤卫队员们巍然屹立，沉着应战，子弹打光了，就用石头砸，敌人冲上来后，就用刺刀拼、拳头揍。他们一直坚持到十三日上午，队员们全部壮烈牺牲，阵地才落入敌手”。工人赤卫队在发动广州起义、巩固新生的广州苏维埃政权的斗争中，立下了不朽功勋。

广州起义失败后，陈贯在撤离过程中将铁锥带到英德保存。1959年铁锥由陈贯家属捐赠、梁仁声转交至广东革命历史博物馆。该铁锥是中国工人阶级参加广州起义，在中国共产党人领导下英勇反抗国民党反动派统治的重要历史物证。

①

②

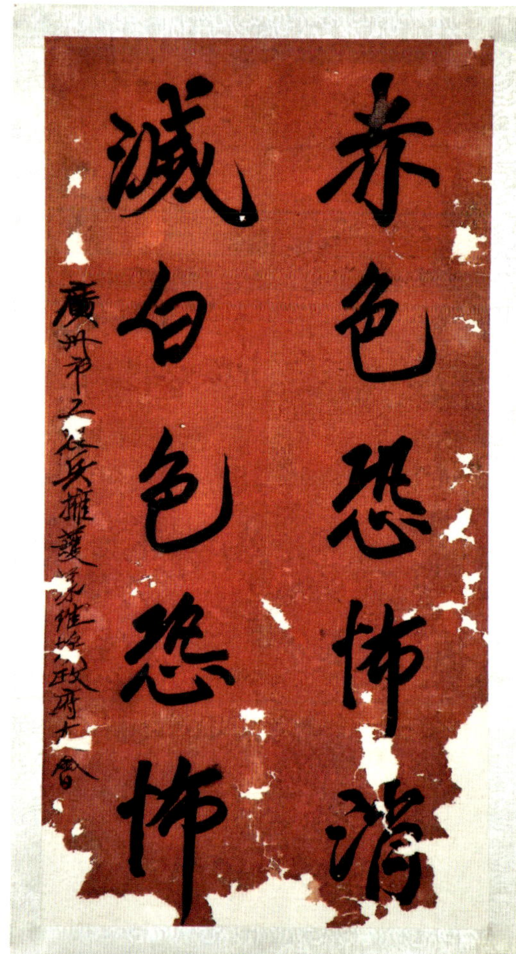

③

1927年 广州起义标语

长宽分别为：① 64 厘米 ×13.5 厘米、② 66.5 厘米 ×19.5 厘米、③ 65 厘米 ×33.4 厘米

纸质

一级文物

1959 年接受捐赠

广州起义时张贴的三幅标语的内容分别为“打倒帝国主义”“工农兵起来拥护苏维埃政府”“赤色恐怖消灭白色恐怖”，落款是“广东（广州市）工农兵拥护苏维埃政府大会”。这三幅标语是广东工农兵拥护苏维埃政府大会召开时张贴的标语。

1927年12月12日中午，张太雷主持的广东工农兵拥护苏维埃政府大会在丰宁路西瓜园举行。大会上张太雷宣布广州苏维埃政府成立，并宣布将以电文的形式，将广州苏维埃成立的消息向共产国际乃至全世界公告，以发动国际无产阶级援助广州苏维埃。工人赤卫队第一联队第一中队长杨馨坤与战友高平玉当时也参加了大会，会议期间国民党军队向广州城发起反扑，杨馨坤、高平玉看形势危急，便匆忙将开会前张贴在会场四周、浆糊尚未完全干透的这三幅标语取下来放进口袋，继续参与战斗。

这三幅标语反映了广州苏维埃政府的政治主张。1927年4月12日，蒋介石发动“四一二”反革命政变，大批共产党员及革命群众遭到杀害，全国弥漫在一片白色恐怖的氛围之中。中国共产党团结广大工农群众，组织革命军队，建立苏维埃政权。标语里的“赤色恐怖”，是指发动工农群众，以武力反抗国民党反动派的屠杀政策。

这三幅标语是1927年中国共产党领导发动广州起义，创建中国第一个城市苏维埃政权的重要历史见证。

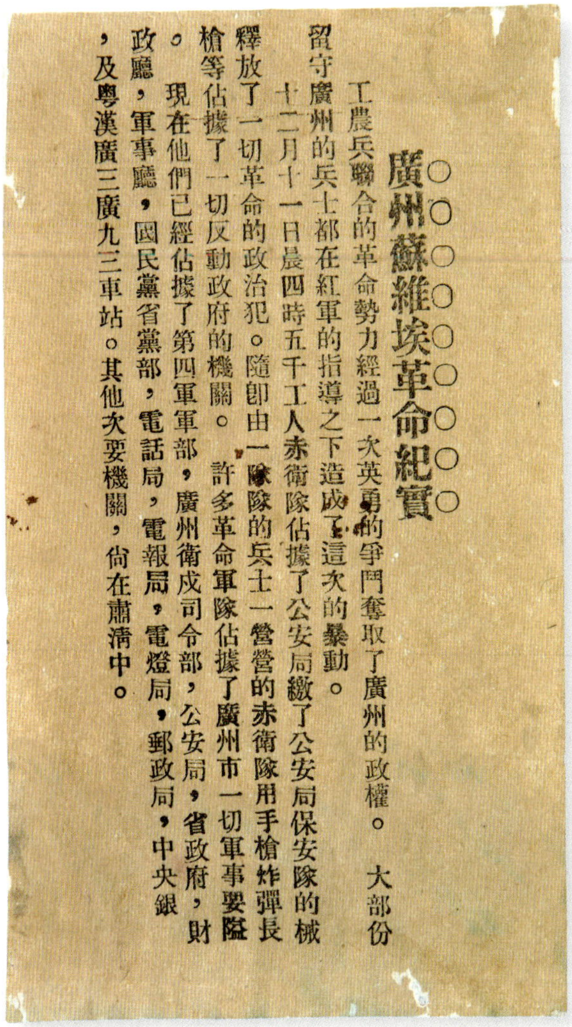

○○○○○○○○○

廣州蘇維埃革命紀實

工農兵聯合的革命勢力經過一次英勇的爭鬥奪取了廣州的政權。 大部份留守廣州的兵士都在紅軍的指導之下造成了這次的暴動。

十二月十一日晨四時五千工人赤衛隊佔據了公安局繳了公安局保安隊的械釋放了一切革命的政治犯。隨卽由一隊隊的兵士一營營的赤衛隊用手槍炸彈長槍等佔據了一切反動政府的機關。 許多革命軍隊佔據了廣州市一切軍事要隘。

現在他們已經佔據了第四軍軍部，廣州衛戍司令部，公安局，省政府，財政廳，軍事廳，國民黨省黨部，電話局，電報局，電燈局，郵政局，中央銀，及粵漢廣三廣九三車站。其他次要機關，尙在肅淸中。

1927年《广州苏维埃革命纪实》传单

长 18 厘米，宽 10 厘米

纸质

三级文物

1959 年入藏

该传单是在广州起义爆发，革命武装占领珠江北岸市区后，向人民群众散发的。具体内容为：

> 工农兵联合的革命势力经过一次英勇的争斗夺取了广州的政权。大部分留守广州的兵士都在红军的指导之下造成了这次的暴动。
>
> 十二月十一日晨四时五千工人赤卫队占据了公安局缴了公安局保安队的械释放了一切革命的政治犯。随即由一队队的兵士一营营的赤卫队用手枪炸弹长枪等占据了一切反动政府的机关。许多革命军队占据了广州市一切军事要隘。现在他们已经占据了第四军军部，广州卫戍司令部，公安局，省政府，财政厅，军事厅，国民党省党部，电话局，电报局，电灯局，邮政局，中央银（行），及粤汉广三广九三车站。其他次要机关，尚在肃清中。

广州起义筹备期间，中共广东省委书记、广州起义主要领导人张太雷指示广州市委宣传部长赖先声一定要将宣传工作搞好，要让全市人民都知道苏维埃政府的诞生和存在。赖先声曾在其寓所召集团市委、妇委、劳动童子团和各区工代会等的负责人开会讨论，研究组织宣传队、购买红布、书写标语、印刷宣传品的问题。广州起义爆发后，学生、团员、妇委的同志们纷纷行动起来，积极开展宣传。1927年12月12日，广州苏维埃政府发布《广州苏维埃宣言》《广州苏维埃告民众书》，坚定宣布“广州一切政权属于工人、农民、兵士”，提出了实行八小时工作制、保障工人利益、没收地主和大资本家财产等主张，呼吁动员广大工人、农民、士兵、市民为新生的苏维埃政权而奋斗。

中共中央与共产国际十分重视广州起义的宣传动员工作。中共中央向全国民众发布《中国共产党为广东工农兵暴动建立苏维埃告民众》《中国共产党中央执行委员会为广州暴动告工人书》《中国共产党中央执行委员会为广州暴动告农民书》等，共产国际于1927年12月15日发布《共产国际为广州暴动告全世界工人兵士及被压迫民众宣言》，旨在为新生的广州苏维埃政权争取最大的支持。

这张传单向群众及时通报了广州起义初期的进展情形，是中国共产党重视革命宣传工作的重要物证。

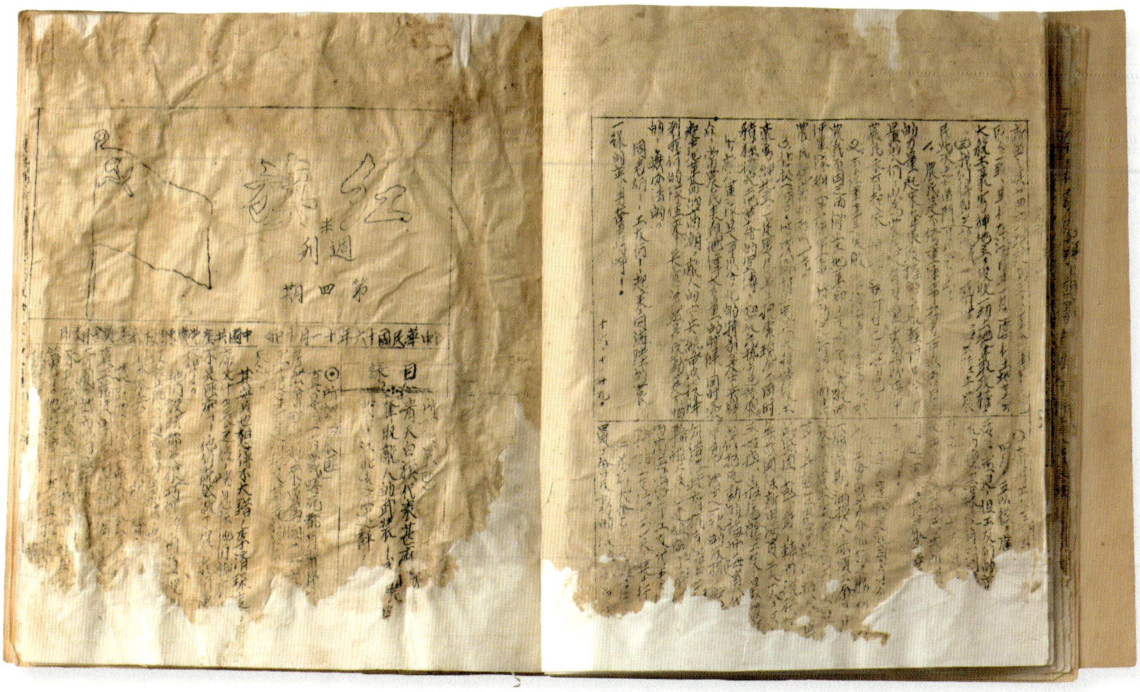

1927年《红旗》半周刊第一期和第四期合刊

长 21.5 厘米，宽 19.3 厘米

纸质

三级文物

1959 年调拨

该刊为《红旗》半周刊第一期及第四期的合刊，由中共梅县县委翻印，油印件，共22页。版头左侧以黑笔线条绘制中国共产党党旗图案，右侧写有刊名“红旗　半周刊”及期数。第一期编印于1927年10月30日，包含《工农兵政权》《现在的环境▨》《海丰农军奋斗▨》《广州工人英勇的斗争》《土地革命》等文章。第四期编印于1927年11月10日，载有文章《所谓“农匪”》《青天白旗代表什么》《夺取敌人的武装——▨》《农军江北远征述评》。该合刊残损较严重，部分内容缺失，现已装裱。

《红旗》是中共广东省委的机关刊物。1927年10月30日在广州秘密创刊。初为16开本，半周刊，恽代英主编，秘密传递，主要刊登中共广东省委号召暴动宣言、宣传提纲、暴动口号以及号召暴动的文章。张太雷、周文雍、恽代英、罗绮园、彭湃、周其鉴等人均在周刊上发表过文章。广州起义后改为日报，4开，两大张，公开大量散发。当日还印发了《红旗》号外，报道起义队伍已攻占敌人在珠江以北的大部分据点，反动势力正在肃清，宣告广州苏维埃政府（工农兵代表会议）正式成立，并公布广州苏维埃政府职员名单。广州起义失败后，《红旗》随之停刊。广东革命历史博物馆现收藏《红旗》半周刊第一期和第四期合刊，不包含第二、第三期，馆内另藏有第五、第六期和《红旗》号外。

《红旗》半周刊第一期和第四期合刊保存了广州起义及广州苏维埃政府的原始资料，对研究中国共产党独立领导革命战争及第一个城市苏维埃政权历史提供了有力支撑。

20世纪20年代 **杨殷的怀表**

通长 6.8 厘米，表面径 5 厘米

铁质

三级文物

1993 年接受捐赠

杨殷（1892—1929），广东香山（今中山）人。中国共产党早期杰出的工人运动领袖，中国共产党早期重要领导人之一，坚定的无产阶级革命家，著名的工人运动领袖，中共早期军事工作重要领导者和情报保卫工作的重要开拓者之一。曾任中共中央政治局常委、中央军事部长等职。

杨殷出生于华侨世家，与孙中山是同乡。1910年，杨殷考入广州圣心书院，次年肄业，加入孙中山领导的同盟会。俄国十月革命爆发后，马克思主义开始在广东地区传播，杨殷的思想观念由此开始转变，逐渐成为一名坚定的共产主义者。1922年，杨殷加入中国共产党。1923年，受党的委派到广州从事工人工作。杨殷先后在广州石井兵工厂和铁路系统开展工人运动，为求提高工人待遇，建立工会组织。他积极推动广州工人运动的统一，促成了1924年5月广州工人代表大会的顺利召开。

1925年，作为省港大罢工的主要领导者之一，杨殷与邓中夏、苏兆征、杨匏安等人在党组织的指示下形成“党团”，利用在广州、香港的社会关系，深入工人群众、联络各个工会、积极筹措资金、大力对外宣传，在解决维持罢工的资金问题、罢工工人回广州的交通问题以及安保问题等方面做出了一系列重要工作，确保了省港大罢工的胜利结束。

广州起义爆发后，杨殷义无反顾地投身其中，积极组织工人赤卫队和敢死队协助教导团攻打广州市公安局，在广州苏维埃政府中担任人民肃反委员，并在张太雷牺牲后担任代理主席一职。广州起义失败后，杨殷撤到香港，负责处理起义的善后工作，接应到港同志。

1929年8月24日，由于叛徒告密，杨殷与一同在上海开会的彭湃、颜昌颐、邢士贞等人被国民党军警逮捕，狱中的杨殷坚持斗争、英勇不屈，于8月30日被秘密杀害，时年37岁。

2009年，杨殷被评为“100位为新中国成立作出突出贡献的英雄模范人物”。这块怀表作为杨殷所留下的珍贵遗物，见证了他波澜壮阔的革命生涯，是彰显杨殷“用生命捍卫信仰”、为中华民族解放而英勇献身精神的重要物证。

20世纪20年代 刘尔崧的私章

长 1.1 厘米，宽 1.1 厘米，高 2.8 厘米

象骨质

二级文物

1955 年接受捐赠

章体印面阳刻“刘尔崧章”四字，印文沟槽内及四侧壁残存红色印泥，印顶有十字界格，上刻四字浅显不清，一侧面刻有黑色菱形标志。

刘尔崧（1899—1927），广东紫金人。俄国十月革命爆发后，青年刘尔崧开始接受马克思主义。1919年5月30日，为响应五四运动，刘尔崧、阮啸仙发动广州大中学生举行了声势浩大的抵制日货游行。1921年3月，广东共产党早期组织成立，刘尔崧和阮啸仙、周其鉴等人一同加入，成为中国共产党早期党员。1922年5月，社会主义青年团广东区委成立，刘尔崧当选为执行委员，后组织新学生社。同年9月自广东省立第一甲种工业学校毕业后，刘尔崧投身工人运动的组织领导工作，组建了广州市第一个工人自己的组织——广州油业工会，刘尔崧当选执行委员会秘书。1923年6月，刘尔崧以广东代表的身份出席中共三大会议，会后他以个人身份加入国民党，积极参加国民党改组工作。1924年1月，国民党一大召开，刘尔崧被任命为国民党中央工人部干事，从此开始以国民党工人部特派员的身份从事工人运动。同年5月，广州工会的统一组织——广州工人代表大会成立，刘尔崧当选执行委员会主席。

1924年7月，刘尔崧领导了沙面工人大罢工并取得胜利，扭转了“二七”惨案后工人运动的消沉局面。在中共广东区委和廖仲恺的支持下，刘尔崧组建了广州工人武装“工团军”，在日后平定商团叛乱、杨刘叛乱的过程中发挥了重要作用。1925年5月1日，第二次全国劳动大会召开，会上成立了全国工人阶级的统一组织——中华全国总工会，刘尔崧当选执行委员。省港大罢工期间，他被任命为省港罢工委员会顾问，负责罢工工人的生活安排，发动顺德等地工农支援罢工，并率工团军与罢工委员会纠察队一道执行封锁政策。1927年广州“四一五”反革命政变后，刘尔崧被国民党反动派逮捕，4月19日于白鹅潭壮烈牺牲，时年28岁。

从印泥的存留程度可见，该印章为日常用章，使用频率高。该印章在质地、雕刻、字体等方面也颇具美感，具有较高的历史价值和艺术价值。

20世纪20年代 中华海员工业联合总会“铁锚”证章

通长 2.4 厘米，宽 2.4 厘米

铜质

三级文物

1959 年入藏

证章整体呈中华海员工业联合总会会旗状，旗杆头染红色。证章正面刻有铁锚图案，铁锚横轴有“中华”字样，纵轴有“海员工业联合总会”字样，锚钩有中华海员工业联合总会的英文缩写“C.S.UNION”；证章背面扣针已缺失，有证章编号“885”。

20世纪初，长期遭受帝国主义、资本主义、封建主义三重压迫的中国海员积极投身孙中山领导的民主革命运动，相继成立中华海员公益社等海员互助团体。1921年4月6日，苏兆征、林伟民等人在香港成立“中华海员工业联合总会”，作为中国海员统一的工会组织，中国海员从此由分散走向团结。

1922年1月，由于港英当局和轮船资本家多次对提升海员待遇等合理要求置之不理，中华海员工业联合总会组织领导了香港海员大罢工。罢工期间，中共广东支部在广州组织成立了罢工后援会，发表《敬告罢工海员》，给予罢工运动大力支持和指导。在中国共产党的支持帮助下，罢工在经过56天的艰苦斗争后取得胜利，港英当局和资本家接受了工会关于保障海员待遇的要求，恢复了被非法取缔的中华海员工业联合总会。海员罢工开启了中国工人运动的第一次高潮，彰显了工人阶级团结斗争的力量，有力地打击了帝国主义。

1925年5月1日，中华海员工业联合总会联合汉冶萍总工会、中国铁路总工会、广州工人代表会，在广州召开第二次全国劳动大会。大会选举产生了全国工会组织的领导机关，宣告中华全国总工会正式成立。海员工会中的优秀代表如曾任代理会长的苏兆征，上海支部主任、广州办事处主任林伟民等人，在中国共产党的领导下担负起领导中国工人运动的伟大使命。

中华海员工业联合总会是中国首个海员工会组织，也是中国最早的产业工会之一。中华海员工业联合总会“铁锚”图案铜证章是海员工会在第一次国内革命战争时期发展工人组织、领导工人运动的历史见证，生动展现了海员工人在近代革命斗争中团结一致、不畏强暴的英勇形象。

20世纪20—30年代 邓中夏的名片

长 10.3 厘米，宽 6.5 厘米

纸质

二级文物

1959 年入藏

长方形卡片，卡纸，正面中间铅印黑体字“邓中夏”，左下钢笔写“别字沉园”字样。背面铅印邓中夏的拼音名(威妥玛式拼音法)。

邓中夏(1894—1933)，原名邓隆渤，字仲澥(为方便融入工人群众，他将“仲澥”改为谐音“中夏”)，湖南宜章人。中共第二、第五届中央委员，第三、第六届候补中央委员，八七会议上当选中共中央临时政治局候补委员。

1920年3月，在李大钊领导下，邓中夏、高君宇等人发起组织北京大学马克思学说研究会。同年10月，在研究会基础上发起成立北京的共产党早期组织，邓中夏成为中国共产党最早的党员之一。1922年5月任中国劳动组合书记部主任。1923年参与创办上海大学，任教务长。同年8月在中国社会主义青年团第二次全国代表大会上当选中执委委员。1925年中华全国总工会成立后，任全国总工会执委会委员、秘书长、宣传部部长，参与组织领导省港大罢工。大革命失败后，历任中共江苏省委书记、广东省委代理书记、中华全国总工会驻赤色职工国际代表、中央革命军事委员会委员等职。1933年5月在上海被国民党当局逮捕，9月21日在南京雨花台英勇就义。

邓中夏是中国无产阶级政治活动家、革命理论家，中国工人运动杰出领袖，2009年被评为“100位为新中国成立作出突出贡献的英雄模范人物”。此名片是记录邓中夏革命生涯的一件难得的历史物证。

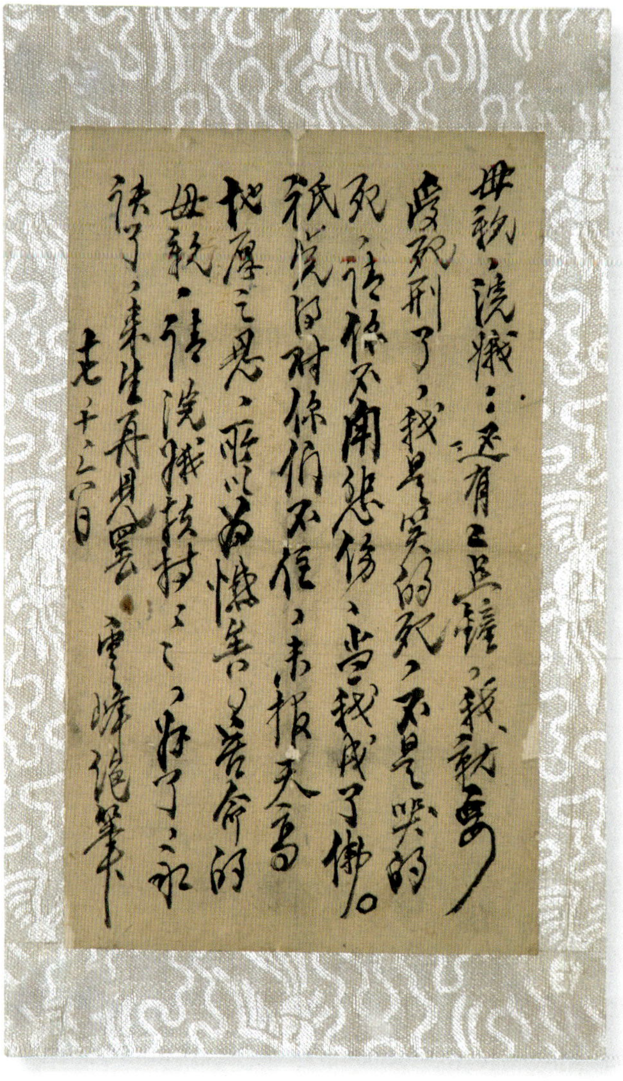

1928年 张云峰的绝笔书

长 21 厘米，宽 16.5 厘米

纸质

一级文物

1964 年接受捐赠

该件文物为革命烈士张云峰就义前两小时在一张药丸说明书背面写下的绝笔书，玉扣纸，毛笔书写，全文89字：

母亲、浣娥：还有二点钟，我就要受死刑了，我是笑的死，不是哭的死，请你不用悲伤，当我成了佛。只觉得对你们不住，未报天高地厚之恩，所以为憾矣。苦命的母亲，请浣娥扶持扶持。好了，永诀了，来生再见罢。

云峰绝笔

十七、十、六日

张云峰（1900—1928），原名张铭书，广东南海人。自幼家境清苦，在辛勤劳动中坚持学习文化知识。1923—1924年间，佛山工人运动蓬勃发展，张云峰积极投身其中，在佛山各地区组织工人斗争，并在此期间加入中国共产党，曾任佛山工人代表会执行委员、佛山工农商学联合会书记等职。

1927年“四一五”反革命政变时，张云峰不幸被捕。其时，他与妻子叶浣娥仅结婚四十余日。张云峰先被关押于广州南石头监狱，后转到广东法院高等监狱。在狱中，面对严刑拷打，他始终坚贞不屈，秘密联络狱中的共产党员，与敌人继续斗争，并写下“神州大地尽妖气，只赖工农驱阴霾”的诗句，反映了他对压在中国人民头上的帝国主义、封建主义与官僚资本主义这三座大山的强烈仇视，也反映了他引领工农阶级打破枷锁、为中华民族争取新生的坚定信念。

1928年10月6日，张云峰于广州东较场英勇就义，时年28岁。绝书后由狱中难友杜伟转交给叶浣娥。寥寥数语，尺素情深。绝笔书苍劲有力的字迹背后，浸满不舍与决绝，充分表现了共产党人在生命的最后时刻，不改初心的理想信念和视死如归的大无畏精神。

1928年 **海丰农民自卫军用过的指挥剑**

长 69 厘米，宽 8 厘米，厚 2 厘米

铁质

三级文物

1995 年入藏

该指挥剑是海丰农民自卫军在与国民党反动武装英勇斗争时所用到的武器，剑格与剑首处有纹饰，剑柄绑有红布，已有部分锈蚀。

海丰县位于广东东江地区，与陆丰县统称为海陆丰，经济以农业为主，人口多为农民。1922年，共产党人彭湃就在此开展农民运动。1923年，海丰县在中国共产党的领导下成立农民自卫军。1927年10月，东江特委趁粤桂军阀相互敌对、无暇顾及的时机，领导工农革命军第二师、海陆丰农民自卫军以及农民群众举行第三次武装起义，占领海陆丰两县全境及附近地区。随后，根据中共广东省委迅速“召集工农兵代表大会，组织苏维埃，乡区即以当地之农民协会接收政权，实行分配土地”的指示，彭湃就任东江特委书记，在海丰创立了中国第一个苏维埃政权。海陆丰苏维埃政权的建立，开启了中国无产阶级革命的先声，对后来的革命运动产生了深远影响。毛泽东在《中国的红色政权为什么能够存在？》一文中，两次提到海陆丰，充分肯定了海陆丰的斗争经验。

1928年1月，由广州起义余部编成的工农红军第四师进入海陆丰，加强了海陆丰的革命力量。通过开展土地革命、加强党组织建设、支援工农革命军作战，苏维埃政权不断巩固。1928年下半年，在敌人优势兵力的疯狂反扑下，海陆丰地区的苏维埃政权最终失败，彭湃率领红军和农民自卫军等革命力量转移到大南山等地区坚持游击战争。

该指挥剑是海丰地区农民自卫军用鲜血保卫中国首个苏维埃政权的重要见证。

1928年 李载基用银元制成的五星

通长 7.6 厘米，宽 7.6 厘米

银质

三级文物

1976 年接受捐赠

由6块银元拼成的五星，各银元部分锈蚀，中间略大的银元为广东省造中华民国十一年二毫银元，四周略小的银元部分可辨识为广东省造光绪元宝七钱二分银元。

李载基（1897—1947），广东仁化人。曾任广东工农革命军北路第八革命团第四营营长。在仁化县高级小学堂完成学业后，即从事小学教师工作。1925年，李载基参加当地的农民协会和农民自卫军，并在石塘农民协会成立后担任执行委员，参与一系列农民运动。1928年，李载基加入中国共产党。

1927年南昌起义失败后，朱德率部经过位于粤北地区的仁化县，组织农民暴动，加强了农民自卫军的武装力量，并将地方革命武装改编为工农革命军第四独立团，李载基成为其中一名战士。1928年，中共广东省委派遣阮啸仙到仁化担任县委书记，领导仁化农民开展土地革命和武装暴动，工农革命军第四独立团被改编为广东工农革命军北路第八革命团，李载基任第四营营长。革命形势的蓬勃发展引来了国民党和土豪劣绅武装的疯狂反扑。1928年3—11月，在反动武装出动土炮、迫击炮乃至飞机轰炸的情况下，李载基带领着双峰寨的守寨军民分头把守、浴血奋战，妇女儿童亦踊跃加入支持后勤的队伍，多次打退敌人的进攻。在弹尽粮绝的情况下，李载基带领守寨军民撤离，最终仅有50余名战士成功突围，400多人壮烈牺牲。

此后，李载基继续英勇投身于粤北及粤湘赣边界的地下游击斗争，1947年被捕杀害。据统计，李载基的家族共有7人因参加革命而英勇牺牲。

双峰寨保卫战被当时的广东省委高度评价为“农民暴动中最伟大的战斗”。这枚由双峰寨保卫战领导人李载基用银元制成的五星，见证了他热血澎湃的革命历程与粤北大地上曾发生的那一场轰轰烈烈的农民运动。

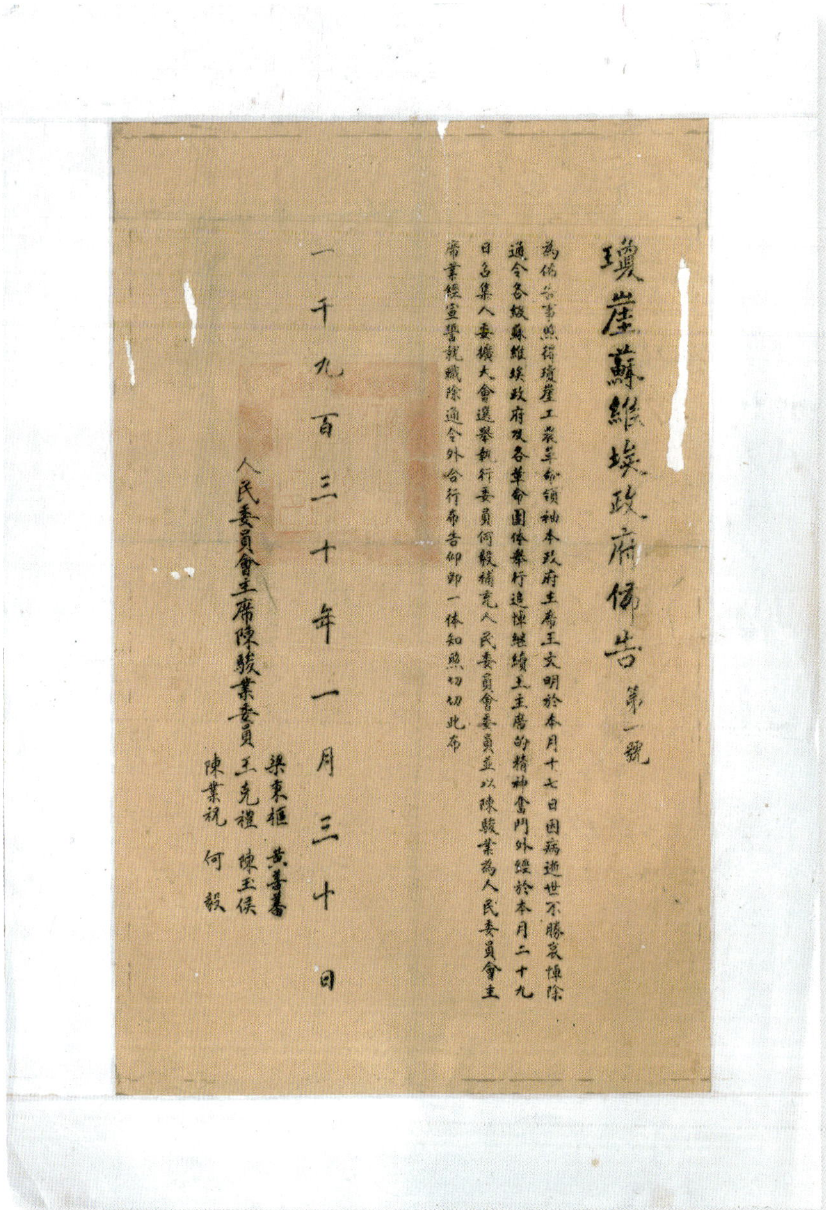

瓊崖蘇維埃政府佈告 第一號

為佈告事照得瓊崖工農革命領袖本政府主席王文明於本月十七日因病逝世不勝哀悼除通令各級蘇維埃政府及各革命團体舉行追悼繼續王主席的精神奮鬥外經於本月二十九日召集人委擴大會選舉執行委員何毅補充人民委員會委員並以陳駿業為人民委員會主席業經宣誓就職除通令外合行布告仰即一体知照切切此布

一千九百三十年一月三十日

人民委員會主席陳駿業 委員 梁秉樞 黃善蕃 王克禮 陳玉侯 陳業祝 何毅

1930年 琼崖苏维埃政府布告（第一号）

长 42.5 厘米，宽 27 厘米

纸质

三级文物

1959 年入藏

该布告的主要内容包括对琼崖苏维埃政府主席王文明的悼念以及人事安排公告：

> 为布告事，照得琼崖工农革命领袖本政府主席王文明于本月十七日因病逝世，不胜哀悼，除通令各级苏维埃政府及各革命团体举行追悼、继续王主席的精神奋斗外，经于本月二十九日召集人委扩大会，选举执行委员何毅补充人民委员会委员，并以陈骏业为人民委员会主席，业经宣誓就职，除通令外，合行布告，仰即一体知照。切切此布。
>
> 一千九百三十年一月三十日
>
> 人民委员会主席陈骏业
>
> 委员梁秉枢、黄善蕃、王克礼、陈玉侯、陈业祝、何毅

王文明（1894—1930），字钦甫，广东乐会（今海南琼海）人。历任中共琼崖地委书记、琼崖工农革命军党代表、琼崖苏维埃政府主席、中共广东省委委员等职，被称为“琼崖革命第一人”。1922年加入中国共产党，是琼崖首批共产党员，1926年主持召开中共琼崖第一次代表大会，成立琼崖地方委员会并任书记，领导开展工农运动，琼崖革命根据地的建设自此步入正轨。

1928年8月，琼崖第一次工农兵代表大会召开，选举产生第一届苏维埃政府，王文明担任主席，颁布了《苏维埃政府组织法》《临时土地法》《劳动法》《惩治反革命条例》等各项法令，巩固了琼崖地区的革命成果。

1930年1月17日，王文明因积劳成疾在母瑞山根据地病逝，年仅36岁。后经选举，陈骏业担任第二届琼崖苏维埃政府主席。

王文明病逝后，琼崖地区的党组织与革命武装依旧在危机四伏的环境下坚持斗争，直至1950年5月1日海南全岛解放，造就了琼崖23年红旗不倒的伟大历史。这一布告是革命年代中国共产党在海南地区进行组织与政权建设的重要见证，也彰显了“琼崖革命第一人”王文明为革命事业鞠躬尽瘁、死而后已的伟大精神。

1930年 陈魁亚的搪瓷口盅

高 10 厘米，口径 10 厘米

铁质

三级文物

接受捐赠

该搪瓷口盅是普宁县党组织创始人陈魁亚留下的珍贵遗物。口盅为白底青花色，带提手，有部分锈蚀。

陈魁亚（1897—1933），广东海丰人。历任中共普宁县委书记、东江苏维埃政府主席等职。陈魁亚就读于海丰中学时与彭湃结识，时常组织进步学生开展各类爱国主义宣传，抵制日货。1921年，彭湃创立“社会主义研究社”，陈魁亚作为主要成员，积极在海丰地区传播马克思主义。1925年第一次东征胜利后，陈魁亚曾任海丰县教育局局长，大力普及教育，开设了平民夜校和妇女识字班，并在这一时期加入了中国共产党。

1925年，在彭湃的指示下，陈魁亚与陈颂、彭弈等同志前往普宁县成立普宁党支部并开展农民运动，陈魁亚任支部书记，这是中国共产党在普宁建立党组织的初始阶段。1926年，陈魁亚领导普宁农民取得了围城斗争和减租减息的胜利。1927年“四一二”反革命政变后，陈魁亚组织4000余名农军发起了“四二三”武装暴动以对抗国民党的反革命浪潮，在围攻普宁县城不克后转战湖南汝城，也遭失败。1927年10月，陈魁亚参加了海陆丰第三次武装起义，先后担任中共普宁县委书记、东江特委西北区联席会议主席、东江苏维埃政府主席等职，组织了多次农民暴动以策应革命形势的发展。1933年，东江特委在大南山的龟山湾被敌人包围，陈魁亚在突围过程中英勇牺牲，年仅36岁，遗骸被安葬于海丰烈士陵园。

1928年，普宁县苏维埃政府建立时，办公地点设在鸭母寮村的赖巧雫家中。新中国成立后，赖巧雫将陈魁亚用过的搪瓷口盅捐赠给广东革命历史博物馆。

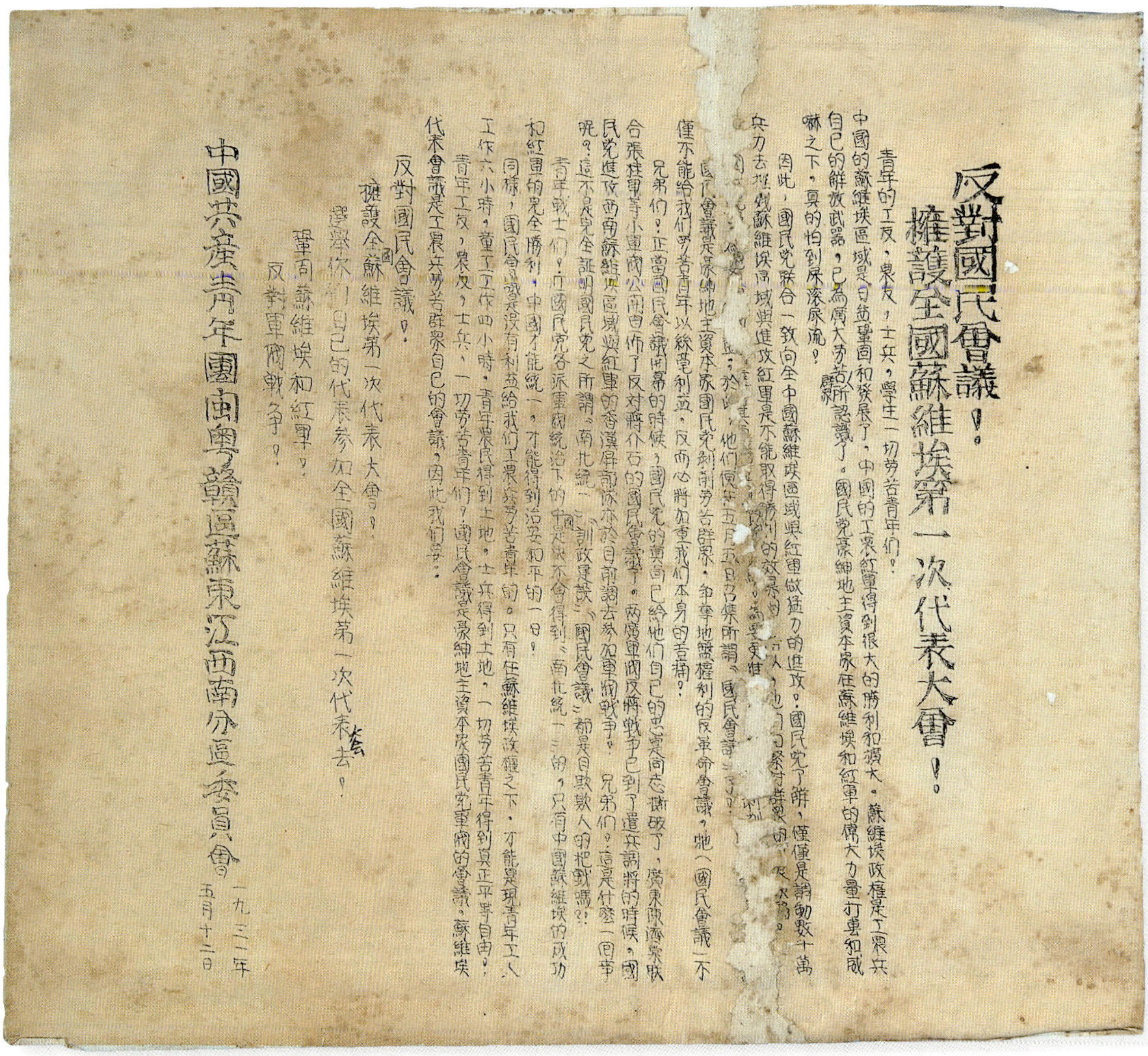

反對國民會議！
擁護全國蘇維埃第一次代表大會！

青年的工友，農友，士兵，學生一切勞苦青年們！

中國的蘇維埃區域是日益鞏固和發展了，中國的工農紅軍得到很大的勝利和擴大。蘇維埃政權是工農兵自己的解放武器，已為廣大勞苦群眾所認識了。國民黨豪紳地主資本家在蘇維埃和紅軍的偉大力量打擊和威嚇之下，真的怕到屁滾尿流！

因此，國民黨聯合一致向全中國蘇維埃區域與紅軍做猛力的進攻：國民黨了解，僅僅是調動數十萬兵力去進攻蘇維埃區域與進攻紅軍是不能取得勝利的效果的 [illegible]

國民會議是豪紳地主資本家國民黨剝削勞苦群眾，爭奪地盤權利的反革命會議，牠（國民會議）不僅不能給我們勞苦青年以絲毫利益，反而必將加重我們本身的苦痛！

兄弟們！正當國民會議開幕的時候，國民黨的真面目已給他們自己的黨員同志揭破了，廣東陳濟棠聯合張桂軍等小軍閥公開宣佈了反對蔣介石的國民會議了。兩廣軍閥反蔣戰爭已到了還兵調將的時候，國民黨進攻西南蘇維埃區域與紅軍的 [illegible] 去參加軍閥戰爭。兄弟們！這是什麼一回事呢？這不是完全證明國民黨之所謂"南北統一"、"訓政建設"、"國民會議"都是自欺欺人的把戲嗎？

青年戰士們！在國民黨各派軍閥統治下的中國是不會得到"南北統一"的，只有中國蘇維埃的成功和紅軍的完全勝利，中國才能統一，才能得到治安和平的一日！

同樣，國民會議是決沒有利益給我們工農勞苦青年的。只有在蘇維埃政權之下，才能實現青年工人工作六小時，童工工作四小時，青年農民得到土地，士兵得到土地，一切勞苦青年得到真正平等自由！

青年工友，農友，士兵，一切勞苦青年們！國民會議是豪紳地主資本家國民黨軍閥的會議，蘇維埃代表會議是工農兵勞苦群眾自己的會議，因此我們要：

反對國民會議！

擁護全國蘇維埃第一次代表大會！

選舉你們自己的代表參加全國蘇維埃第一次代表大會！

鞏固蘇維埃和紅軍！

反對軍閥戰爭！

中國共產青年團閩粵贛區蘇東江西南分區委員會 一九三一年五月十二日

1931年《反对国民会议！拥护全国苏维埃第一次代表大会！》传单

长 21 厘米，宽 24.5 厘米

纸质

三级文物

1959 年入藏

传单是1931年5月12日由中国共产主义青年团闽粤赣区苏东江西南分区委员会发布的，内容主要为揭露1931年5月5日召开的国民会议真面目，号召人民群众拥护全国苏维埃，通过支持苏维埃政权建设和红军战斗的胜利来实现全国范围内的真正解放。

1930年2月4日，中共中央发出关于召集全国苏维埃区域代表大会的通告，首次提出建立全国苏维埃中央政权以统一领导全国各地苏维埃区域斗争的构想。1931年1月，中共苏区中央局在江西宁都成立，后迁移至瑞金，受中共中央委托筹备全国苏维埃中央政府的建立工作。同年，中共中央决定在11月7日召开中华工农兵苏维埃第一次全国代表大会。1931年11月7—20日，正值粉碎蒋介石第三次“围剿”胜利不久，中华工农兵苏维埃第一次全国代表大会在瑞金叶坪村召开。来自全国各地的代表共计610人，会上毛泽东作了《政治问题报告》，通过了《中华苏维埃共和国宪法大纲》等一系列法律文件，并选举由毛泽东、周恩来、朱德、项英、张国焘等63人组成的中央执行委员会，宣告中华苏维埃共和国临时中央政府成立。

在中华工农兵苏维埃第一次全国代表大会召开前后，中共做了大量的宣传工作，这张面向广大工农兵群众、言语质朴、情感炽烈且富有战斗性的传单，即这一历史事件的重要见证。

1931—1945年 许崇清抗战时期穿过的青年装

衣长 50.3 厘米

棉毛

三级文物

1996 年接受捐赠

该青年装衣服是许崇清在抗战时期所穿过的，伴随他度过了那段战火纷飞、颠沛流离的岁月。衣服呈黑褐色，棉毛材质，立领，前身3个挖袋，左上为手巾袋，前襟5粒明扣，袖口2粒扣。

许崇清（1888—1969），字志澄，广东广州人，教育家。1905年东赴日本留学，对教育学、自然科学、哲学都有所研究。学成归国后，许崇清秉持教育救国的思想，长期在广州从事教育事业。他曾与陈独秀组织广东省教育委员会，先后担任广州市教育局首任局长、广东省教育厅首任厅长，实施整顿中小学校、创办广州市民大学、开展工人识字运动、抵制外国教会势力掌握学校、反对向学校传播封建伦理课程等一系列举措，发展广东地区的近代教育。1931年6月，许崇清曾短暂担任中山大学校长，后因同情学生的抗日爱国运动而遭免职。抗日战争爆发后，许崇清在1940年再度担任中山大学代理校长，主持中山大学的搬迁与教学等工作。1941年因公开讲授马克思主义学说、任用中共党员和进步知识分子等原因再次被免职。其后，他以其主持的第七战区编纂委员会为阵地，掩护了一大批中共地下党员开展抗日民主的宣传工作，出版了《新建设》《教育新时代》《学园》《阵中文汇》四份杂志，为华南抗战和进步文化运动作出了重要贡献。新中国成立后，许崇清主要从事高校教育工作，曾任广东省副省长、省教育厅厅长等职。1951年第三次出任中山大学校长，直至1969年病逝。

许崇清被公认为“新教育学和新中国高等教育的奠基人之一”。这件青年装是许崇清在艰难的环境下坚持教育的重要物证。

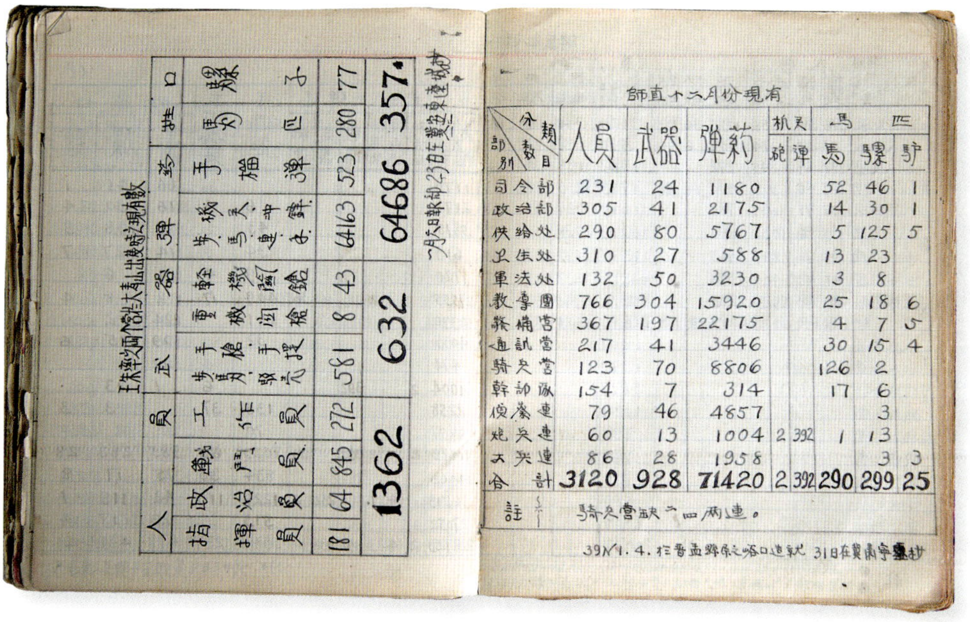

1937—1940年 **周士第的阵中日记**

长 19 厘米，宽 15.5 厘米

纸质

二级文物

2005 年接受捐赠

日记共两本，长方形黑色硬封皮，内用蓝色和红色钢笔书写。第一本起始时间是1937年8月至1940年3月，第二本是1938年12月至1940年6月，在时间跨度上有一定的重合。

周士第（1900—1979），海南琼海人，黄埔军校一期生。1924年12月加入中国共产党，此后坚定投身革命斗争。参与组建铁甲车队和叶挺独立团，参加北伐战争、南昌起义、长征、百团大战、晋中战役、太原战役等，率部解放西南，为民族独立与解放，为人民军队的现代化、正规化建设立有卓越功勋，1955年被授予上将军衔。

这两本日记写于抗日战争期间。周士第时任八路军第一二〇师参谋长，率部在晋西北开展游击战争，创建晋西北抗日根据地，后参与指挥齐会战斗、陈庄战斗、黄土岭战斗等。在此期间周士第坚持采用日记的形式，记录日军敌情和我方战术、各部往来通电、部队人马和辎重等战备情况，以及政治工作、世界局势等方面的内容，内容翔实，时有分析和总结，是周士第作为参谋长的工作记录。

周士第是中国共产党最早从事革命武装斗争的老战士、早期优秀军事指挥员，毛泽东曾评价其“有无产阶级共产主义的坚决性”。这两本阵中日记，既是周士第戎马生涯的重要见证，也是研究中国人民解放军军史的珍贵史料。

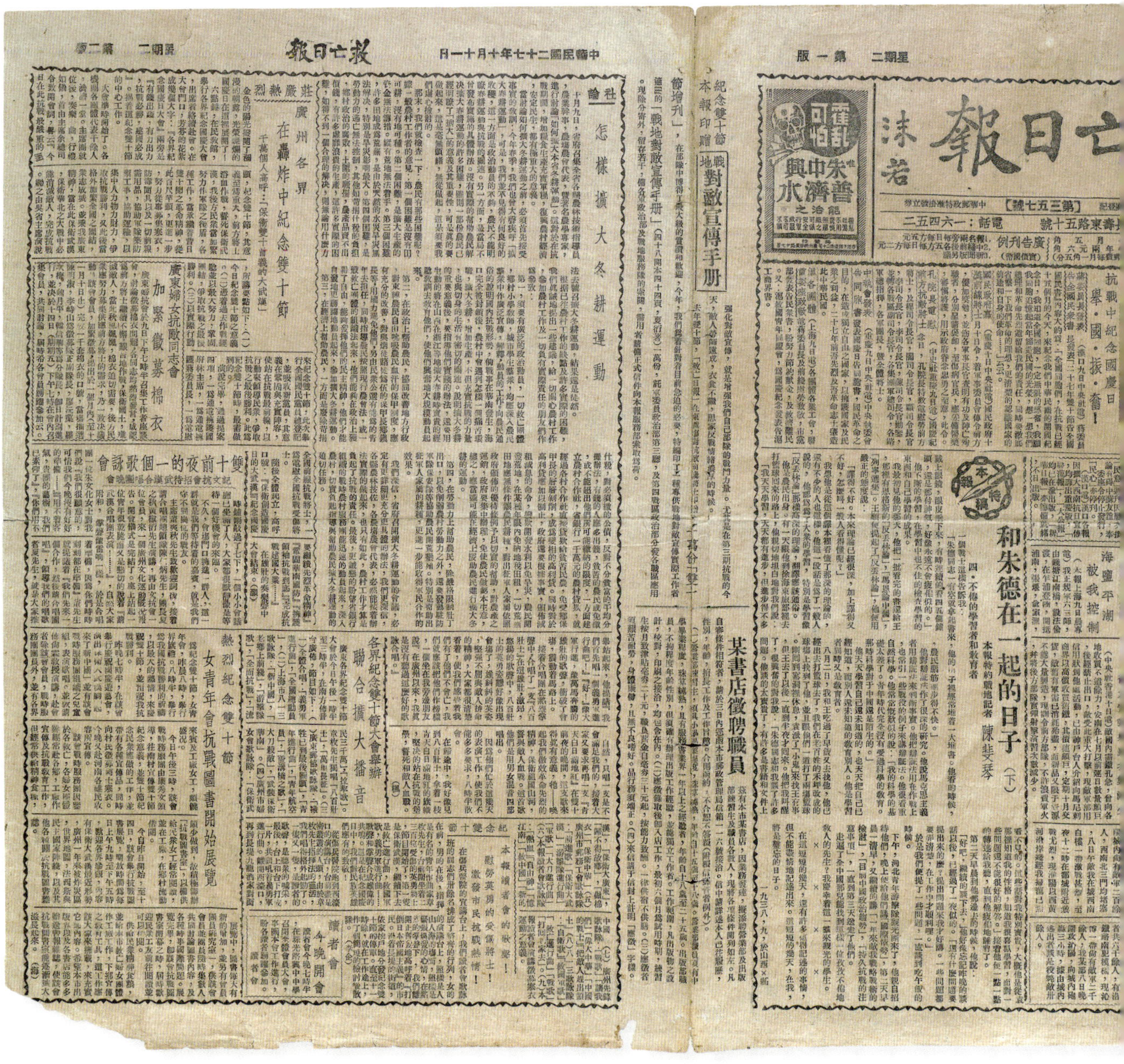
救亡日報
怎樣擴大冬耕運動
加緊徵募棉衣
和朱德在一起的日子
某書店徵聘職員
各界紀念雙十節大會舉辦聯合擴大播音
女青年會抗戰圖書開始展覽
戰地對敵宣傳手冊

1938年《救亡日报》广州版

长 38.5 厘米，宽 54 厘米

纸质

三级文物

购买

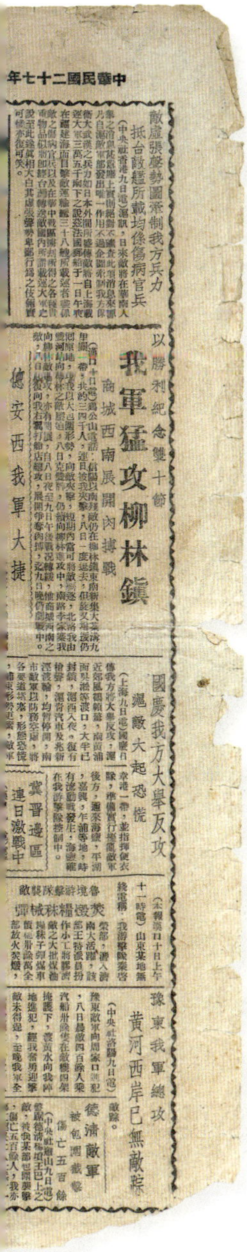
中華民國二十七年
我軍猛攻柳林鎮
德安西我軍大捷
豫東我軍總攻
黄河西岸已無敵踪

《救亡日报》广州版第357号（首期以在上海创刊之日计），发行于1938年10月11日，全报1张4版，登有《和朱德在一起的日子（下）》《广州各界在轰炸中纪念双十节》《广东妇女抗敌同志会加紧征募棉衣》《德安西我军大捷》《怎样扩大冬耕运动》《豫东我军总攻，黄河西岸已无敌踪》等文章。

《救亡日报》是“上海文化界救亡协会”于1937年8月24日创办的、以抗战救亡为核心主旨的机关刊物，由郭沫若任社长、夏衍任总编辑。报纸创办不久即因上海沦陷而被迫转移至广州，社址位于长寿东路50号（今333号）。1938年1月1日，《救亡日报》在广州复刊，郭沫若在复刊号的头版头条写下了热血澎湃的复刊词《再建我们的文化堡垒》，宣布“救亡就是我们的旗帜，抗战到底就是我们的决心，民族复兴就是我们的信念”。

《救亡日报》广州版的主要工作依旧以宣传抗战救亡为核心，有特稿、论文、战事报导、文艺作品等栏目，内容包括分析全国局势、报导前方战况、反映抗战事迹、发展抗战文艺等等，形式多样，通俗易懂，言语炽烈，富有战斗性。在中国共产党的领导支持和报社的不断努力下，《救亡日报》广州版克服了经费紧缺等困难，共出版了200余号，日发行量曾达1.2万份，成为了宣传抗日民族统一战线的重要舆论阵地。

1938年10月21日，广州沦陷，《救亡日报》被迫再次转移至桂林。1941年2月“皖南事变”爆发，国民党再次掀起反共浪潮，《救亡日报》于1941年2月28日被迫停刊。尽管《救亡日报》仅发行了4年时间，但它在复杂险峻的形势之下，以顽强不屈的奋斗意志、灵活多变的宣传策略，高举团结抗战、拥护抗日民族统一战线的爱国旗帜，为抗日战争的最终胜利作出了重要贡献。

广东革命历史博物馆当前共收藏《救亡日报》广州版共73期（其中17期为三级文物，56期为一般文物，时间跨度为1938年1月11日至1938年10月18日）以及一本《救亡日报》广州版1938年6月、7月合订本（三级文物），基本涵盖了《救亡日报》在广州的出版周期。其中第357号是内容具有一定代表性、保存相对完好的一期，对于认识、了解《救亡日报》广州版颇有帮助。

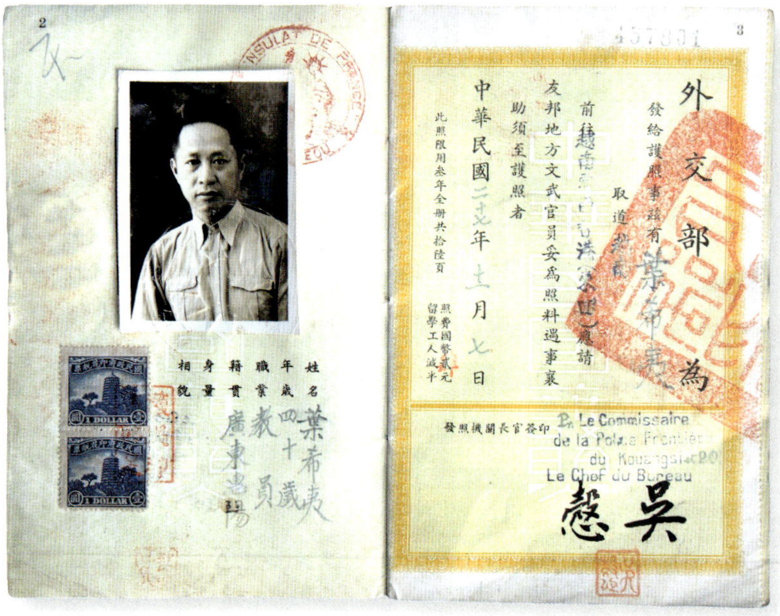

1938年 叶希夷（叶挺）前往越南的护照

长 16.2 厘米，宽 10.6 厘米

纸质

一级文物

1955 年接受捐赠

这本护照是叶挺南下组织抗战期间所办理的，他曾计划前往越南为抗战募集军费。护照共有16页，长方形，黑色封皮。封面正中上方印中华民国国徽，下方竖排白字印“中华民国护照”字样。第2页有叶挺的正面半身照，名字一栏显示的是“叶希夷”，职业一栏是“教员”，这可能是出于安全性、隐蔽性的考虑。第3页显示目的地为越南西贡港、香港（此处模糊），发照日期为“中华民国二十七年十一月七日”（1938年11月7日），上有“法国驻广西龙州领事馆”的印章，发照机关长官签印处为“吴鼒”。

叶挺（1896—1946），原名叶为询，字希夷，广东归善（今惠阳）人，中国人民解放军创始人之一，伟大的无产阶级革命家、军事家。全面抗战爆发后，叶挺在救亡图存的民族责任感驱使和毛泽东、周恩来等领导人支持下，于1937年10月出任新四军军长，率领新四军转战大江南北，建立敌后抗日根据地，使新四军在这一时期得到了较大的发展，直至1941年1月皖南事变爆发，叶挺在交涉过程中被囚。

1938年10月，叶挺眼看广州等地已经沦陷在日军铁蹄之下，遂产生了回家乡广东组织抗日武装的想法，并于10月下旬启程南下，辗转上饶、南昌、韶关，于11月在广西龙州办理了这张护照并启程前往越南，后经越南前往香港会见八路军驻香港办事处负责人廖承志，与华南地区的党组织取得联络。在中共广东省委、粤东南特委和国民党十二集团军总司令余汉谋等的支持下，叶挺组建了东路守备军，在短时间内向日军发起了数次激烈攻势。《申报》评价叶挺赴粤之后，东江抗战形势大为好转：“东江华军，声势大振，游击区域之游击队……数量大增，及至最近收复惠阳、博罗，东江情势，更趋佳良。”但是，叶挺领导下的抗日武装在广东日渐壮大，引起了国民党的警惕与掣肘。蒋介石责令余汉谋撤销对叶挺的一切支持，迫使其离开广东。

这本护照是叶挺抗战历程的见证，对于叶挺的革命生涯乃至华南抗战史的研究都有重要价值。

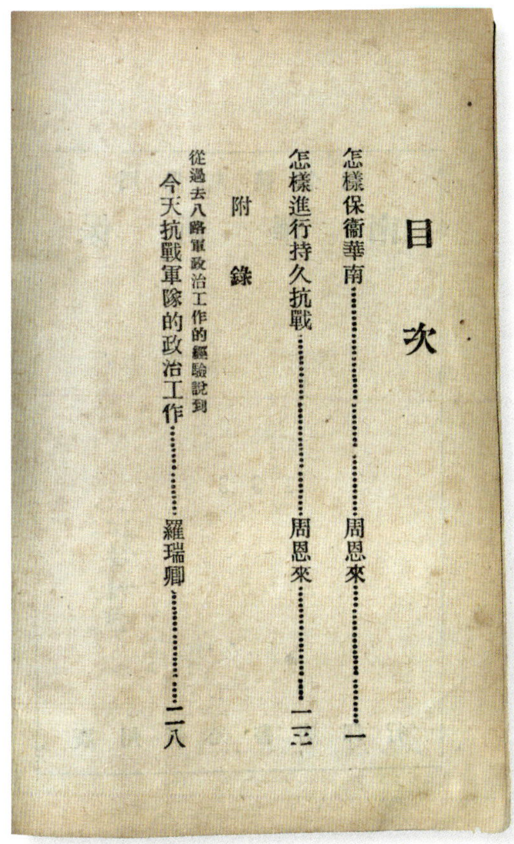
目次

1938年《周恩来谈保卫华南》

长 17 厘米，宽 12 厘米

纸质

二级文物

1959 年调拨

该书是广州新光书店印行，共62页。封面为一张版画，一队军旅扛着步枪、牵着马匹穿越崇山峻岭，半轮旭日正从远方的山岭徐徐升起，照亮整个天空。全书略微发黄，有少许破损。书中除收录周恩来《怎样保卫华南》《怎样进行持久抗战》两篇文章外，还收录了罗瑞卿的《从过去八路军政治工作的经验说到今天抗战军队中的政治工作》。

1937年8月开始，日军对广州及周边地区展开了一系列无差别轰炸，造成大量的平民伤亡和建筑损毁。华南抗战全面打响后，时任中共中央革命军事委员会副主席、中共中央长江局副书记的周恩来根据实际战况与事先分析，连夜起草了《对日寇进攻华南的初步分析及建议》交于国民党当局，受到高度重视。同时，周恩来积极指导广东党组织建立抗日游击根据地以进行敌后抗战；以香港为主要阵地，大力推动华南地区抗日民族统一战线，鼓励港澳同胞与海外华侨踊跃捐赠财物，支持抗战事业。

在这本书中，周恩来写下了《怎样保卫华南》这篇文章，分析了当前的敌我力量对比和日军的动向，提出了巩固华南海防和江防、集中陆军坚守要塞、组织空军协助作战、对新军进行充分训练、发动民众共同抗敌等作战要点。周恩来另一篇文章《怎么进行持久抗战》，则以更为宏观的视野，在对全国的抗战局势展开一系列的分析之后，慷慨激昂地提出了他的伟大愿景："以上这一切具体办法都为实现一个目的——即是争取持久抗战的最后胜利的一个目的！……日本帝国主义强盗的进攻必然会遭到最后的惨败，中华民族的独立解放事业，必然会达到最后的成功！"

该书广泛宣传和深入阐释了中国共产党关于抗日战争的战略方针，对于廓清国内思想迷雾、坚定军民抗战信心、指导华南抗战具有重要意义，也是研究周恩来抗战思想的重要文献。

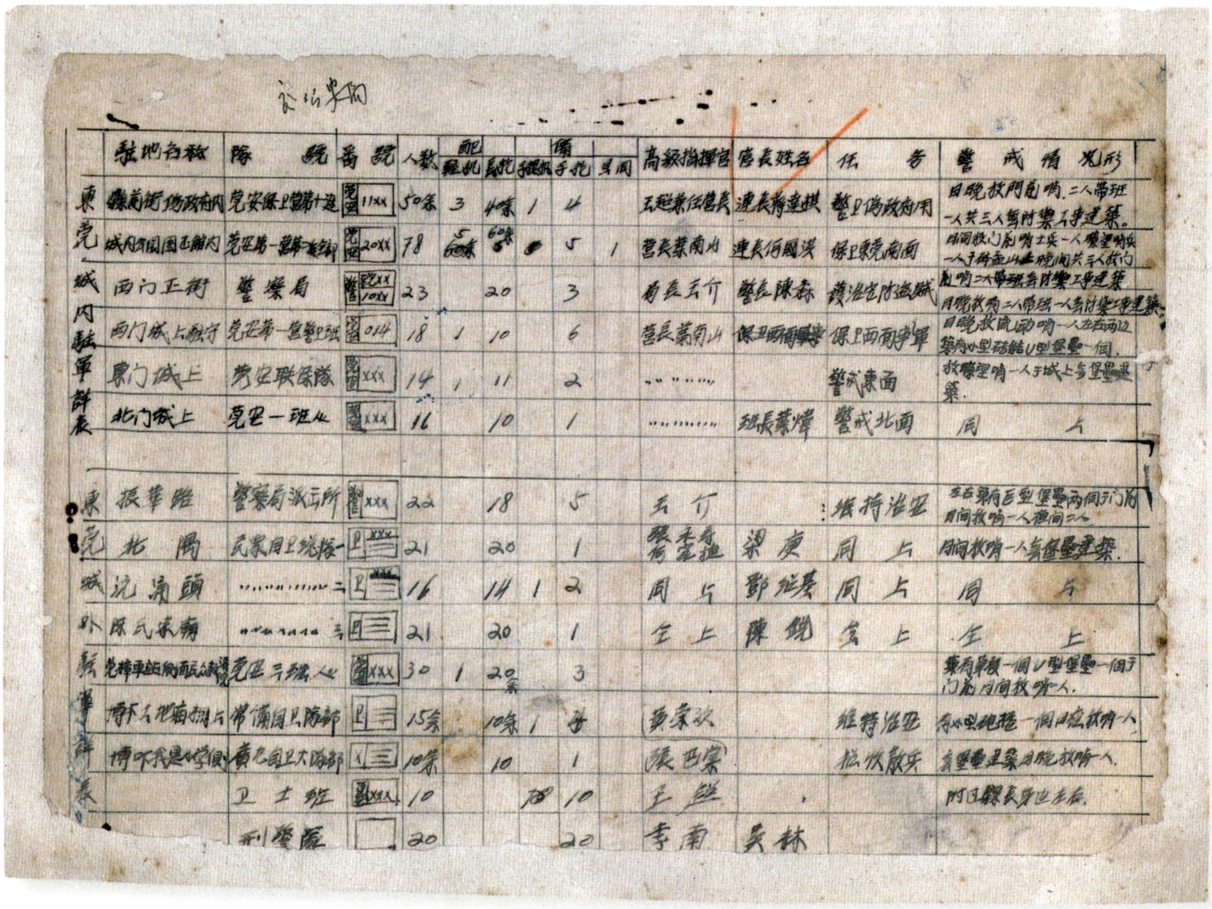

1938—1945年 东莞地下党组织掌握敌人之情报稿

长 19 厘米，宽 27.8 厘米

纸质

三级文物

1962 年移交

该件文物为抗日战争时期广东东莞地下党组织的情报稿。稿中记录的敌军应是以伪军为主，内容包括多支日伪军的驻地名称、武器装备、队伍番号、部队人数、军官职衔、警戒情形等，甚至记录有指挥官的姓名与其部队的活动规律，对敌伪军队在东莞城内和城外的部署描述得十分详尽。

1938年10月，日军登陆大亚湾进犯华南，地处珠江出海口、靠近广州的东莞成了日军的攻击对象。国民党军队迅速溃败，石龙、虎门、莞城等地也相继沦陷。面对不利的局势，中国共产党积极组织抗日斗争，开辟了包括大岭山抗日根据地、铁东抗日游击区、水乡抗日游击区等地区在内的东莞抗日根据地。在中国共产党的领导下，东莞作为东江纵队的主要活动地区之一，开展了多次对日伪军队的重要战斗，如著名的百花洞战斗、梅塘反击战等，屡次挫败敌人绞杀抗日武装的阴谋。地方民众也积极支援，纷纷为东江纵队提供情报、供给物资、捐献钱粮等。

该情报稿是研究抗日战争时期东莞地区中共情报工作的重要史料。

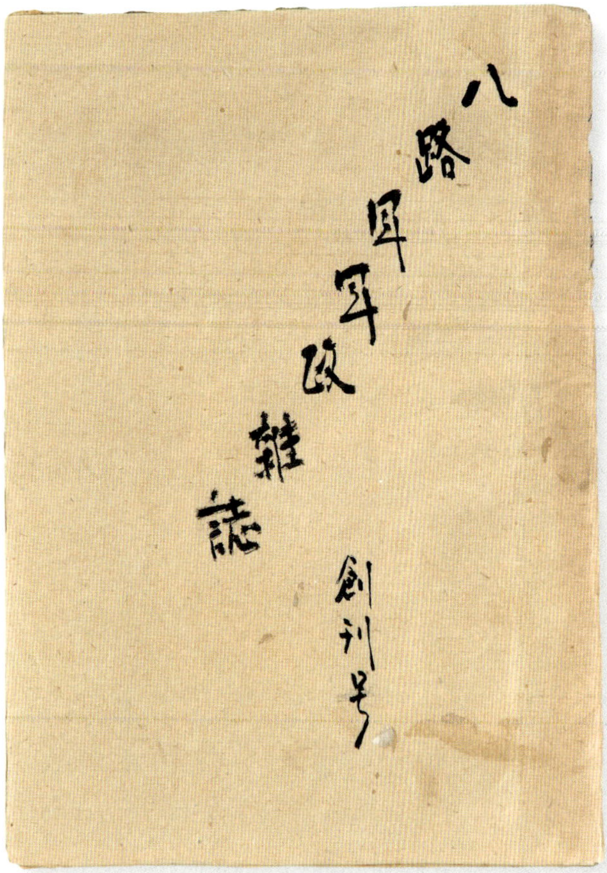

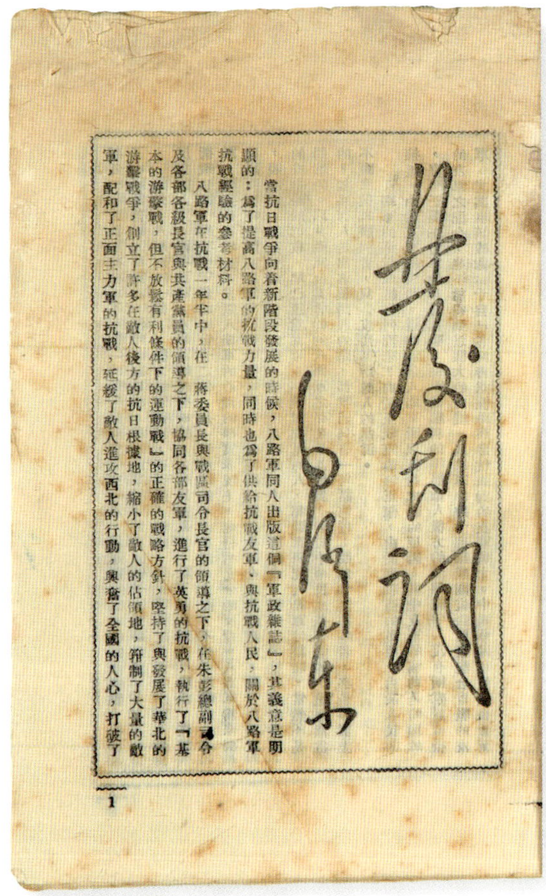

1939年《八路军军政杂志》创刊号

长 20 厘米，宽 15 厘米

纸质

三级文物

1959 年调拨

《八路军军政杂志》于1939年1月15日在延安创刊，全刊共113页。编委会成员为毛泽东、郭化若、王稼祥、肖劲光、萧向荣，萧向荣任主编，郭化若承担了从筹备到出刊的具体工作。

毛泽东、王明亲自为《八路军军政杂志》创刊号题词。毛泽东的题词为“停止敌人的进攻，准备我们的反攻”，王明的题词为“军政合一”。该刊的发刊词由毛泽东亲自撰写，明确提出《八路军军政杂志》办刊目的和任务。创刊号内的主要文章有王稼祥的《论目前战局与敌后抗战的几个问题》、萧向荣的《一一五师的政治教育工作》、肖劲光的《八路军留守兵团的生产运动》等。

该刊自1939年1月15日创刊，到1942年3月25日停刊，共发行了39期，主要内容是介绍八路军在抗战中的政治主张、思想建设、组织建设、后勤工作以及八路军在抗战前线和各根据地的活动，文章的主要作者是党和军队的领导人、各级干部、战地通讯记者以及特约的著名作家等，在全国范围内都产生了较大的影响。

《八路军军政杂志》的创办，是中共早期抗战宣传活动的重要体现。全面抗战爆发至1939年初，国民政府屡屡丢城失地，对抵抗日军愈发消极，引发人心浮动，《八路军军政杂志》向全国人民宣扬了中国共产党坚定不移的抗战主张以及严明有序的军政建设，既推广了军事上的经验策略，也指明了抗战必胜的光明前景，团结广大人民积极抗击日本侵略者。

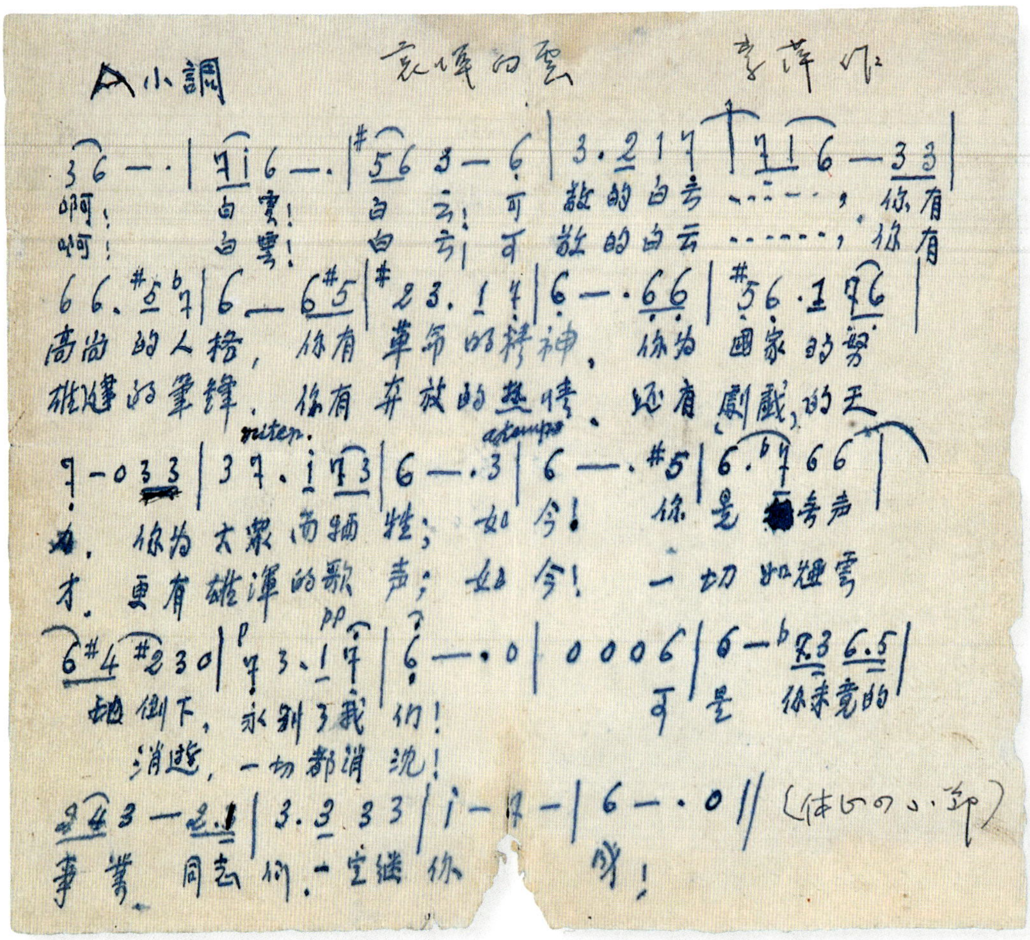

1939年《哀悼白云》歌曲手稿

长 14 厘米，宽 16 厘米

纸质

三级文物

1965 年调拨

这是中共地下党员蔡白云的妻子李萍为悼念他而作的歌曲手稿。

蔡白云（1913—1946），原名蔡文盛，又名蔡长青、蔡志义等，原籍福建金门，生于新加坡，是抗战时期著名的爱国华侨。蔡白云在学生时期就开始接受进步思想，积极学习马克思主义，参加学生运动。1932年，蔡白云加入马来西亚共产党，并曾在中央苏区学习。1935年担任马来西亚共产党总书记。

此时，日本全面侵华的阴谋已然日益彰显，海外华侨纷纷出钱出力，支援祖国的抗战事业。蔡白云领导下的马来西亚共产党积极组织精益工会、爱同歌咏团等团体和各类抗日爱国活动。蔡白云曾因此一度被英方逮捕，经多方营救后获释。获释后他依旧保持着战斗状态，编写抗日剧本并公开演出，带领华侨青年赴延安学习，组织抗日爱国的宣传教育活动，参加中国共产党主办的爱国报刊《工友》《侨胞》的编辑出版工作，组织抗日儿童团，在延安、广州、越南、柬埔寨等地留下了奔波忙碌的身影。他倡导“艺术为政治服务”，建立华侨黎明歌咏团，亲自创作并教会群众传唱革命歌曲。

由于长期在艰苦环境工作，1946年9月，蔡白云于越南西贡病逝，年仅33岁。悲痛万分的妻子李萍为他写下告别的悼念曲，以缅怀这位为祖国人民奋斗终身的爱国华侨。

1941—1949年 黄柏用过的望远镜

望远镜长 18.5 厘米，宽 7.2 厘米，高 18 厘米，镜带长 109 厘米；
盒长 21.5 厘米，宽 10 厘米，高 20 厘米，盒带长 76 厘米

玻璃，铁及其他材质

三级文物

1991 年接受捐赠

望远镜一侧镜肩上注有“DAIKO　NO.2014”，另一侧镜肩上注有“STER 7×50”。这是一副二战时期日军指挥官配备的“八九式”陆军军用望远镜，亦称7mm×50mm望远镜，制造公司为DAIKO公司，生产编号为NO.2014。

日本陆军7×50望远镜是仿德国卡尔·蔡司公司望远镜生产制作的，因其出色的夜间观察效果，又称“夜间双筒望远镜”，为野战炮兵观测车搭载装具。侵华日军的望远镜盒质地在不同阶段也有所差异：战争初期日本国力强盛，配备的镜盒多是精致的铜包牛皮镜盒；战争进入相持阶段，日本国力日渐下降，镜盒渐渐变成薄牛皮、翻毛皮质地；到战争后期，则使用帆布甚至纸制作镜盒。这副望远镜镜盒由帆布制作而成，初步判断应为抗战后期生产。

黄柏（1922—1978），又名康、康柏，广东宝安人。1941年加入中国共产党，同年秋参加广东人民抗日游击总队（东江纵队前身），后升任大队长、边区军事特派员。1946年东江纵队北撤后，为龙门、从化二县武装斗争负责人之一。1947年2月任中共江北工委委员。1948年春任中共江北地委委员、广东人民解放军江北支队司令员。1949年2月任中国人民解放军粤赣湘边纵队东江第三支队司令员，参加解放龙门、博罗的战斗。新中国成立后，历任华南军区东江军分区第二副司令员、中共韶关市第一书记兼市长、第一冶金建设公司党委委员等职。

这副望远镜应是缴获的战利品，被分配给时任东江纵队大队长、边区军事特派员的黄柏使用。广东地方抗日武装没有军事工厂，没有后勤武器补给，军事装备大多靠缴获补充，正应了那句歌词“没有枪、没有炮，敌人给我们造”。这架望远镜是一件反映广东抗日战争及解放战争的重要历史物证。

1941—1949年 功臣炮

通长 337 厘米，宽 120 厘米，高 110 厘米

铁质

二级文物

1964 年移交

这是日本昭和十五年（1941）制造的“四一式”山炮。炮身镶嵌有铜质椭圆牌，上书“昭和十五年三月，No.1222，大阪工厂（场）”；炮架刻“昭和十三年四月，No.698.大阪工厂”；炮管刻“四一式山炮”字样。

抗日战争时期，东北人民武装从日军手中缴获了这门山炮。抗战胜利后，中国人民解放军第一支炮兵部队用它参加过东北“三下江南”战役，后伴随解放军第四野战军第一二七师第三七九团南下入关，在平津战役、渡江战役、解放华南等许多重大战役中均发挥了作用。1950年，解放军第四野战军某司令部和政治部为表彰第一二七师三七九团炮兵连及其使用的“四一式”山炮所建立的功勋，将此炮命名为“功臣炮”，并将绣有“威镇敌胆”四字的锦旗授予炮兵连。后“功臣炮”退役，陈列于广州军区展览馆。1964年移交广东革命历史博物馆收藏。

“功臣炮”为中国革命的胜利立下了赫赫战功，具有重要的历史意义。

1942—1945年 **东江纵队惠阳大队制“七一”——“七七”纪念漫画**

长 25 厘米，宽 17 厘米

纸质

三级文物

广东人民抗日游击队东江纵队惠阳大队纪念“七一”——“七七”纪念漫画。中间画了一位戴着帽子、身穿衬衫、外套围裙、撸起袖子的工人形象，他挣脱镣铐的双手高高举起，眼神坚毅地望向上方闪闪发光的红星。工人左边是一座正在发出浓烟的工厂，是无产阶级辛勤劳作的场所；工人右边是一位在书架前奋笔疾书的同志。漫画的左边有竖排标语“中国共产党是人民的救星”，下方有落款“广东人民抗日游击队东江纵队惠阳大队制——‘七一’——‘七七’纪念”。

漫画的寓意和指向明确，向正在受日本侵略者铁蹄压迫的广大中国民众，尤其是东江地区的民众宣告中国共产党是劳动人民最可靠的领导者。

抗战全面爆发后的次年，日军进犯华南，防卫松弛的国民党军队迅速溃败，大片领土沦陷，民众陷入恐慌。中国共产党积极发展敌后抗日武装，创建了华南抗日根据地，其中东江纵队是一支重要力量。制作该漫画的惠阳大队是东江纵队下辖的7个大队之一，队长高健，政治委员谭天度。

这张漫画展现了中国共产党在抗战时期以拯救中华民族为己任的强烈使命感，内容简单易懂又极富感染力，展示了东江纵队为鼓舞民众抗击日军、支持党的敌后抗战事业所付出的努力。

1943年 **海南岛白沙县黎苗族人民起义使用的号角**

长 40 厘米

牛角

三级文物

1959 年入藏

该号角呈黑褐色，圆吹口，吹口处绑有红带，表面光滑抛光，呈曲线状，为牛角制作而成。

1939年初，日军大举进攻海南，迅速占领海口、府城等地，驻防的国民党军队从安定县一路溃退到五指山区，并对当地的黎族、苗族群众实行残暴统治。1942年，王国兴等黎族首领开始筹备起义，起义时间初定为1943年8月17日。1943年6月，国民党白沙县政府以发良民证为由，将2000余名苗族群众引诱至中平村，又以“通敌”的罪名展开屠杀，是为“中平惨案”。国民党军队的残暴行为激起了黎族、苗族群众的极大愤慨，白沙起义于8月12日提前爆发，4000余名起义群众将国民党官兵赶出了白沙县境，起义取得初步胜利。然而在敌人大部队的疯狂反扑下，起义群众伤亡较大，形势陷入危急。起义群众决定联络中国共产党寻求支援，先后找到了琼崖独立总队第四支队队长马白山、中共琼崖特别区委员会书记兼琼崖独立总队队长冯白驹等人。琼崖特委高度重视，立即派遣人员对起义群众进行援助指导。从此，白沙起义的斗争在中国共产党的直接领导下进入了新的历史阶段，这也是中共开辟五指山区革命根据地的一个重要转折点。

毛泽东曾说：“中国少数民族起义，寻找共产党，消灭国民党军队的残暴行为，建立革命根据地，王国兴是很有代表性的一人。”这件起义用的号角是少数民族人民自发反抗国民党统治、主动接受中国共产党领导的重要见证。

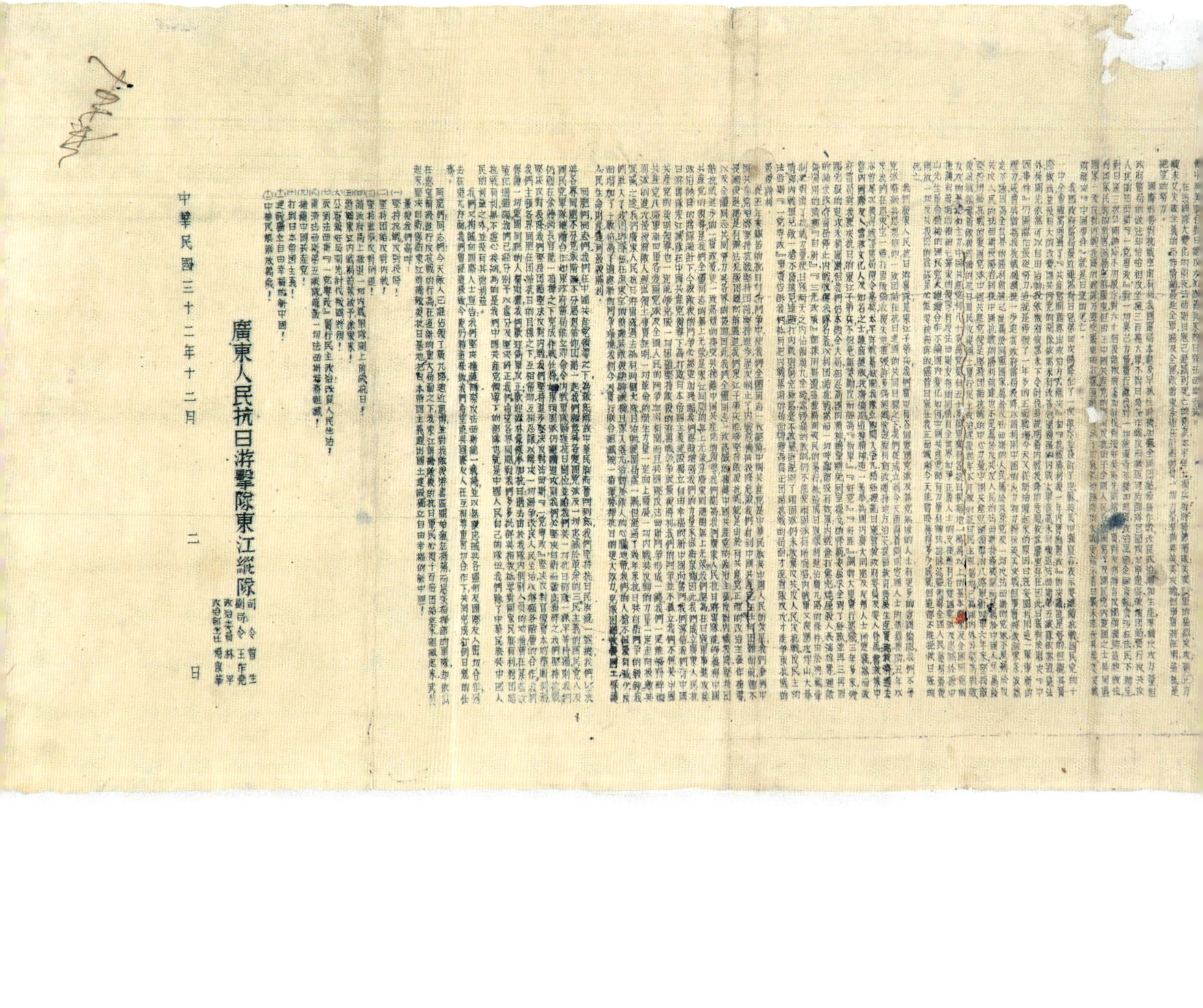

(一)堅持抗戰，反對投降！
(二)堅持團結，反對內戰！
(三)堅持進步，反對倒退！

廣東人民抗日游擊隊東江縱隊
司令 曾生
副司令 王作堯
政治委員 林平
政治部主任 楊康華

中華民國三十二年十二月二日

1943年 广东人民抗日游击队东江纵队成立宣言

长 32 厘米，宽 60.5 厘米

纸质

二级文物

1965 年接受捐赠

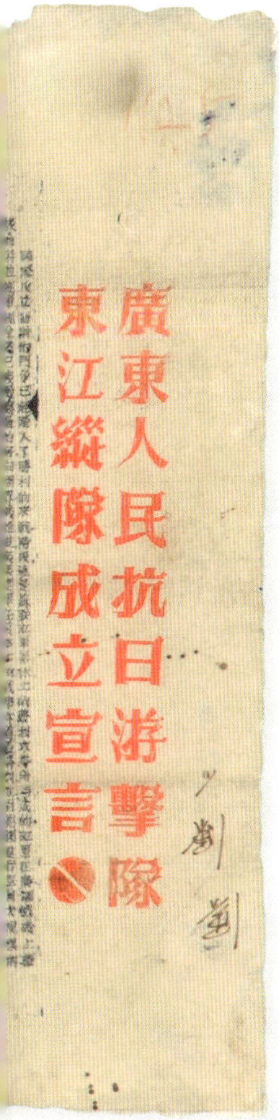
廣東人民抗日游擊隊東江縱隊成立宣言

广东人民抗日游击队东江纵队，是抗日战争时期中国共产党在广东东江地区建立的一支人民抗日武装。1938年10月21日，日军占领广州，华南抗战全面爆发。在中国共产党的领导下，东江地区出现了多支抗日武装组织，如惠宝人民抗日游击总队、东宝惠边人民抗日游击大队等等。经过多次改编、整合之后，根据中共中央指示，1943年12月2日，广东人民抗日游击队东江纵队正式成立，下辖1个主力大队、5个地方大队和1个护航大队，共有3000多人。

东江纵队成立当日，司令员曾生、政委林平、副司令员兼参谋长王作尧、政治部主任杨康华联合发表《广东人民抗日游击队东江纵队成立宣言》，让东江乃至整个华南地区的抗敌士气为之一振，革命形势蓬勃发展。在惠阳县土洋村的东江纵队成立大会上，政委林平指出东江纵队是中国共产党领导下的部队，是“中国人民自己的队伍”，“除了中华民族与中国人民的利益之外，并没有其他利益”，东江纵队将“坚持抗日民族统一战线”，“保护一切爱国同胞的人权、财权”，高呼反对投降与分裂倾向，在中国共产党的领导下坚持抗战斗争。宣言宣告东江纵队坚决拥护国际反法西斯统一战线，与盟邦及国际友人密切合作，共同完成打败日本帝国主义的任务。

在曾生、林平等人的指挥下，东江纵队的实力不断发展壮大，至1945年下半年，东江纵队已经发展到1.1万余人。1946年6月，遵照中共中央与国民党达成的和平协议，东江纵队2500余名指战员北撤至山东解放区。东江纵队北撤烟台前，部分同志将广东人民抗日游击队东江纵队成立宣言存放在香港莫广智姐姐家，新中国成立后由莫广智托人带回广州，1965年捐赠给广东革命历史博物馆。

该宣言是广东人民英勇反抗日本侵略者、中国共产党领导的华南抗日武装力量日益发展壮大的历史见证。

1944年 **中山人民抗日义勇大队的模范银戒指**

直径 1.8 厘米，高 2 厘米

银质

三级文物

1959 年调拨

中山人民抗日义勇大队奖给有功人员的模范银戒指，带有花纹，戒圈为开口，侧面刻有“卅三年十一月”字样，正面则刻有“模范”二字。

中山人民抗日义勇大队是在中山抗日游击大队的基础上改编的，正式成立于1944年1月1日，隶属于南番中顺游击区指挥部。义勇大队队部位于孙中山的故乡——翠亨村，领导者有队长欧初、政治委员谭桂明、副大队长罗章友、政训室主任杨子江等。义勇大队下辖12个中队、350多人，是一支在中国共产党领导下独立自主的地方抗日武装力量。

中山人民抗日义勇大队成立后，得到了当地民众的广泛支持，捐献钱款物资的人络绎不绝。1944年10月，义勇大队发展到了上千人，先后进行了10余次战斗，包括唐家反“扫荡”、夜袭淇澳岛、夜袭翠亨村等，歼灭敌伪数百人，极大鼓舞了当地群众抵抗日本侵略者的斗志。1945年1月，广东人民抗日游击队珠江纵队正式成立，中山人民抗日义勇大队被扩编为珠江纵队第一支队，在凤凰山区继续进行抗日斗争。

这枚银戒指，见证了这支在中国共产党领导下的抗日武装浴血奋战的历史及其所立下的卓越功勋。

1945年 番禺县七星岗战斗使用过的子弹箱

长 29 厘米，宽 17 厘米，高 12 厘米

铁质

三级文物

1980 年接受捐赠

1938年10月日军占领广州后，广东各地涌现出众多抗日救亡组织。中国共产党在番禺地区重建地方组织，动员爱国群众，组织抗战力量。其中较为突出的是吴勤等人组织的抗日义勇队，后改编为广州市区游击第二支队（简称广游二支队），在番禺、顺德、南海一带坚持抗日斗争。

1944年10月，广游二支队番禺大队在禺南地区建立抗日民主组织，训练民兵武装。1945年1月，广游二支队与其他队伍合编组成珠江纵队第二支队，在禺南里仁洞举行了成立大会。

1945年1月25日，横行禺南地区的汉奸头子李辅群（俗名李朗鸡）的伪护沙总队100余人，以收租为名义进犯南村、市头，借机搜刮民财。新编第二大队队长戴耀当即决定对这支伪军展开进攻。在禺南地区民兵武装的积极配合下，伪军100余人几被全歼。李辅群得知后，又继续派出数百伪军前来报复。在游击队、各村参战民兵和支援战斗的人民群众的通力配合下，历时3天，珠江纵队第二支队最终击退了具有优势兵力的敌人。据珠江纵队第二支队政治处发布的《为七星岗战斗胜利告禺南民众书》统计，七星岗战斗双方动员参战者数千人，李辅群部死伤及逃跑300余人，被击毙包括1名大队长和1名中队长在内的官长20余人，极大挫败了伪军的嚣张气焰。

当时三中队队长的女儿潘蝶，也与其他妇女、儿童一同为战斗中的珠江纵队战士提供后勤支援。战斗结束后，潘蝶捡获了这个子弹箱，并于1980年捐赠给广东革命历史博物馆。这个历经沧桑、锈迹斑驳的子弹箱，见证了番禺人民在中国共产党领导下的无畏斗争。

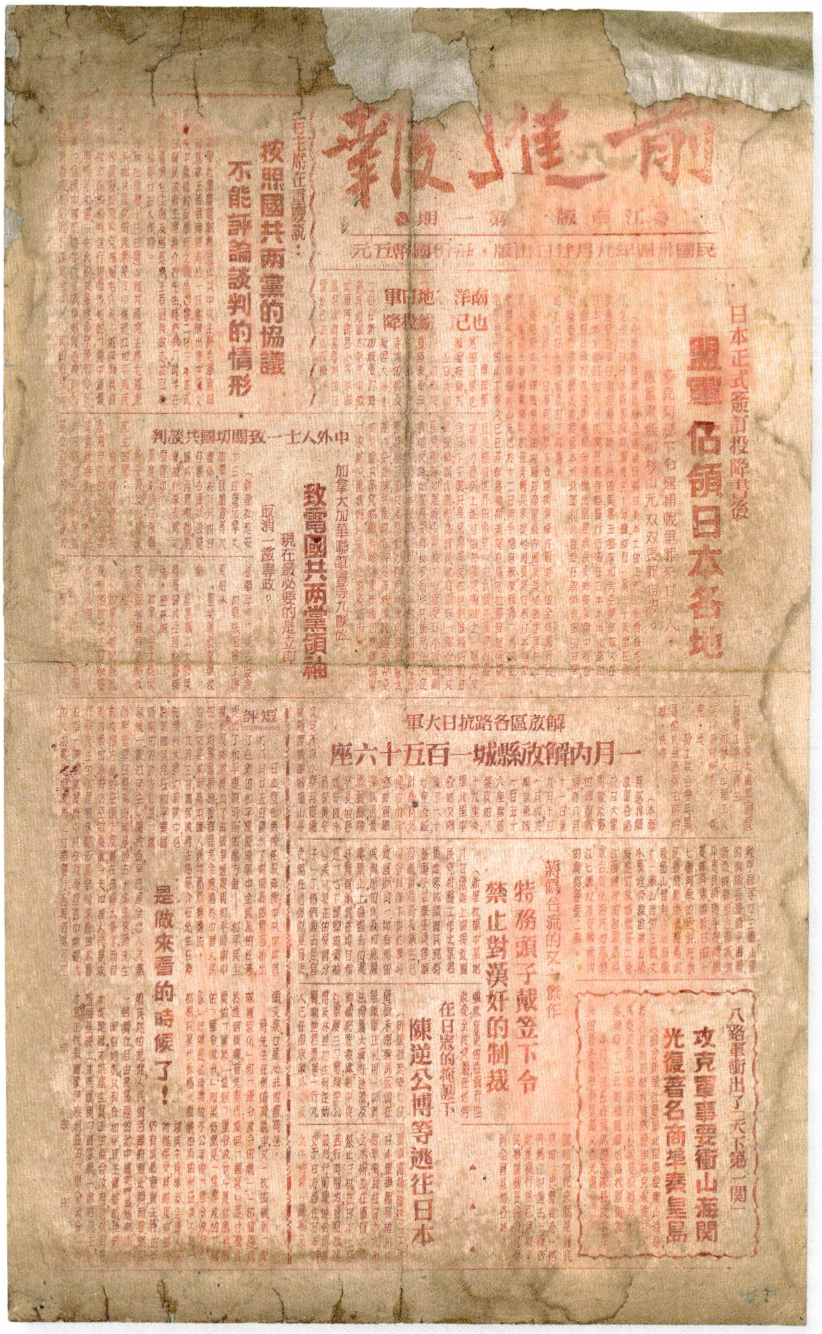
前進報
江南版 第一期
民國卅四年九月廿日出版 每份國幣五元
日本正式簽訂投降書後
盟軍佔領日本各地
南洋地區日軍也已繳械投降
毛主席在重慶說：
按照國共兩黨的協議
不能評論談判的情形
中外人士一致關切國共談判
加拿大加華聯誼會第九區分會
致電國共兩黨領袖
現在最必要的是立即取消一黨專政
解放區各路抗日大軍
一月內解放縣城一百五十六座
短評
是做來看的時候了！
蔣鶴合流的又一傑作
特務頭子戴笠下令
禁止對漢奸的制裁
在日寇的掩護下
陳逆公博等逃往日本
八路軍衝出了「天下第一關」
攻克軍事要衛山海関
光復著名商埠秦皇島

1945年《前进报》（江南版）第一期

长 44 厘米，宽 27.5 厘米

纸质

三级文物

接受捐赠

报头显示为《前进报》(江南版) 第一期，出版时间为“民国三十四年九月二十日”(1945年9月20日)，每份国币5元。报纸共一页两版，第一版主要报道日本投降、各地对收复国土的战报及国共两党谈判情况，第二版则主要介绍东江纵队在各地对日作战的捷报。

《前进报》的前身为广东人民抗日游击队创办的《东江民报》。1942年3月，广东人民抗日游击总队、东江军政委员会决定将《东江民报》更名为《前进报》，并作为广东人民抗日游击总队的机关报。1943年12月，广东人民抗日游击总队在惠阳坪山改编为广东人民抗日游击队东江纵队。《前进报》又成为东江纵队的机关报，由政治部直接领导。作为宣传工具，《前进报》在基层连队中构建了通讯员网络，新闻消息鲜活丰富，发挥了启发群众、激励革命队伍、打击敌人的作用。《前进报》常常综合汇编各类消息，新闻虽“多”却“短”，排版灵活、印刷清晰，内容具有地方特点，文字简练活泼。副刊《民声》曾运用当地方言刊登一些东江地区的客家山歌和“讲古”(即新故事)。因为读得快、读得多，还读得懂，《前进报》受到了广大指战员和人民群众的喜爱。

1945年间，为迅速占领宣传阵地，《前进报》编辑部一分为四：一部分人出版《前进报》(江南版)，一部分人去东江纵队新成立的江北指挥部办《前进报》(江北版)，一部分人去香港创办《正报》，另有4人到广州，设法进入国民党办的报社工作。江南版和江北版最高发行量曾达7000余份。1946年6月30日，东江纵队奉中共中央的命令由广东北撤山东烟台，《前进报》作为东江纵队机关报的历史任务宣告完成。

《前进报》(江南版) 第一期是反映广东人民抗日游击队东江纵队抗日宣传及斗争历史的重要文物。

1945年 “献给七大代表”笔记本

长 19.5 厘米，宽 14 厘米

纸质

三级文物

2020 年接受捐赠

这本笔记本是周士第参加中国共产党第七次全国代表大会获得的珍贵纪念品。笔记本由中央出版发行部和新华书店两家联合制作，封面和封底用红蓝色纹路纸包硬纸板做成，两眼线装订；半透明的扉衬页最上方印有“献给‘七大’代表”，中间是红色党徽标志和1941，下方印着“出版发行部、新华书店敬赠”字样；笔记本的第二页上方印有毛泽东的半身像，下方则是毛泽东的手书题词“实事求是 力戒空谈”。中共七大代表周士第在这本珍贵的笔记本上，记录了华北战场的战况以及延安整风运动的情况等。

中共七大于1945年4月23日至6月11日召开，为何笔记本上却印着1941年的年号？其实，七大在正式召开前曾历经多次筹备和搁置。1931年，中共六届四中全会的决议案中提出要召集党的第七次全国代表大会。但由于第五次反“围剿”及随后的长征，七大的筹备工作被搁置。1937年12月中央政治局会议决定“最近时期内”召集党的七大，成立了毛泽东任主席的25人筹备委员会。1939年6月14日、7月21日，中共中央书记处两次向各地党组织发出通知，要求9月1日前选举出七大代表。周士第在1939年8月八路军第120师党代会上当选为中国共产党第七次全国代表大会正式代表。1941年3月12日，中共中央政治局会议在延安召开，会议决定在五一劳动节召开七大，要求一切准备工作要在节前完成，而且决定七大的议程主要为三大报告，即政治报告（毛泽东）、军事报告（朱德）、组织报告（周恩来）。会议还确定了大会秘书处等机构，任命任弼时为大会秘书长，王若飞、李富春为副秘书长。后因整风运动、大生产运动等原因，召开七大被再次推迟。直到1944年5月21日至1945年4月20日召开的中共六届七中全会上，中共中央才正式决定了七大召开的日期和议程。1945年4月23日至6月11日，在抗日战争即将取得胜利的前夕，中国共产党在延安召开了第七次全国代表大会。

“献给七大代表”笔记本就是按照1941年七大召开日期印制的。从1928年召开的六大，到1945年召开的七大，中间整整相隔了17年之久。七大是中共历史上一次承前启后继往开来、具有革命里程碑意义的大会，也是历次党代会间隔时间最长、筹备时间最长、会期最长的一次大会。这本笔记本见证了七大一波三折的筹备经历，具有重要的历史价值。

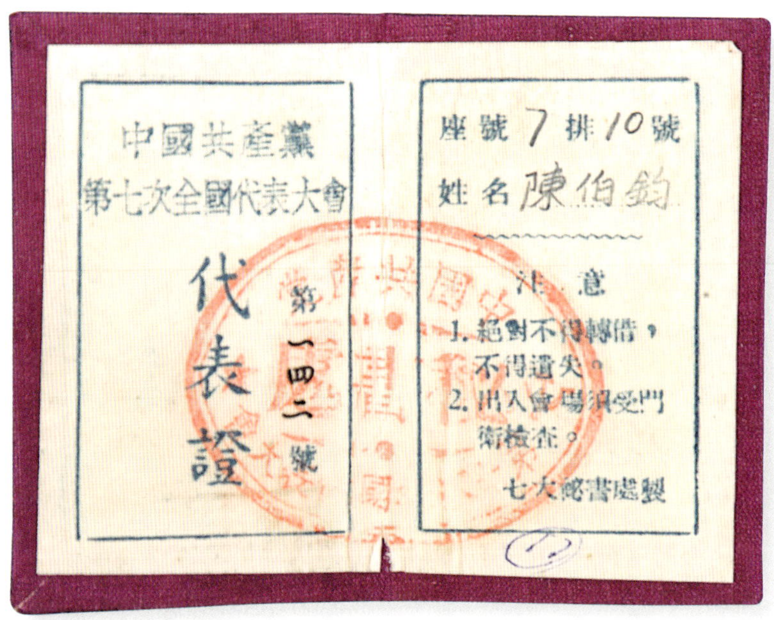

1945年 **陈伯钧出席中共七大的代表证**

长 6.8 厘米，宽 4.5 厘米

纸质

二级文物

2004 年接受捐赠

该证长方形，折叠，尺寸比火柴盒大，纸质较硬。外皮为紫红色绸布面料，封面无文字。里面是蓝色铅印，左边写“中国共产党第七次全国代表大会代表证第一四二号”，右边写“座号7排10号　姓名　陈伯钧　注意：1.绝对不得转借，不得遗失。2.出入会场须受门卫检查。七大秘书处制”，中间盖椭圆形红色印章“中国共产党第七次全国代表大会秘书处”。这是时任延安保安司令部副司令员陈伯钧出席中国共产党第七次全国代表大会的代表证。

陈伯钧（1910—1974），又名陈国懋、陈少达、陈稚勉，四川达县（今达川）人。1927年入武汉中央军事政治学校（黄埔军校第六期）第一大队学习。5月参加平定夏斗寅叛乱的战斗，并在咸宁前线加入中国共产党。陈伯钧先后参加秋收起义、中央苏区第一至第五次反“围剿”、辽沈战役、平津战役等战斗。抗日战争时期，他任八路军第一二〇师第三五九旅旅长，后调任抗日军政大学训练部部长，曾撰写《八路军简史》《参谋长工作讲授提纲》等，并率抗日军政大学学员参加陈庄战斗。此后历任军事学院副教育长、陕甘宁边区保安司令部副司令员等职。1955年被授予上将军衔。

中国共产党第七次全国代表大会于1945年4月23日至6月11日在延安杨家岭中央大礼堂举行，历时50天，是党在新民主主义革命时期极其重要的一次代表大会。出席大会的共755人，其中正式代表547人，候补代表208人，代表着全党121万名党员。七大代表证是大会秘书处为代表们专门制作的。代表证在大会召开之前就已填写妥当并分送到代表手里。开会时，代表出入会场须出示代表证，接受门卫的查验。

中共七大确立了毛泽东思想为党的指导思想并写入党章，使全党在马克思列宁主义、毛泽东思想的基础上达到了空前的团结与统一，为迎接抗日战争的胜利和新民主主义革命在全国的胜利，奠定了政治上、思想上、组织上的基础。这件代表证是中共七大这一历史会议的重要物证，也是研究陈伯钧革命生涯的重要材料。

1949年 中共中央华中局赠四野全体指战员的“为解放全中国而战”锦旗

长 201 厘米，宽 124 厘米

丝质

二级文物

1965 年移交

锦旗内容为：

献给四野全体指战员同志

为解放全中国而战

中共中央华中局

1948年5月9日，中共中央及中央军委决定将晋察冀和晋冀鲁豫两个解放区及其领导机构合并，组成华北局，刘少奇兼任华北局第一书记。同时，决定加强中原局，邓小平任中原局第一书记。1949年5月12日，中共中央决定撤销中原局，建立华中局。1949年12月26日，中共中央决定将华中局改称中南局。

中国人民解放军第四野战军（简称四野），是解放战争时期中国人民解放军主力部队之一，是由抗日战争转入大反攻后进军东北的八路军、新四军主力各一部及东北抗日联军逐步发展起来的，下辖4个兵团。1949年3月下旬，四野组成先遣兵团开始自华北地区南下，先后配合第二、第三野战军发起渡江战役，解放武汉。5月12日，中央军委决定，将四野领导机关与中原军区领导机关合并，组成第四野战军兼华中军区领导机关。

6月上旬，野战军主力渡过长江，根据中央军委和毛泽东主席的战略意图，采取中路牵制，两翼远距离迂回包围，断敌退路后再围而歼之的作战部署。四野和二野各兵团兵分两路合围夺取广州、歼灭白崇禧集团于广西境内，并于1950年5月1日解放海南岛。至此，除西沙群岛、南沙群岛及其他南海诸岛外，华南全境获得解放。

锦旗应在1949年5月12日至1949年12月26日期间颁发，体现了地方机关对部队的期许与鼓舞，是一件难得的反映解放军为解放全中国而战斗的文物。

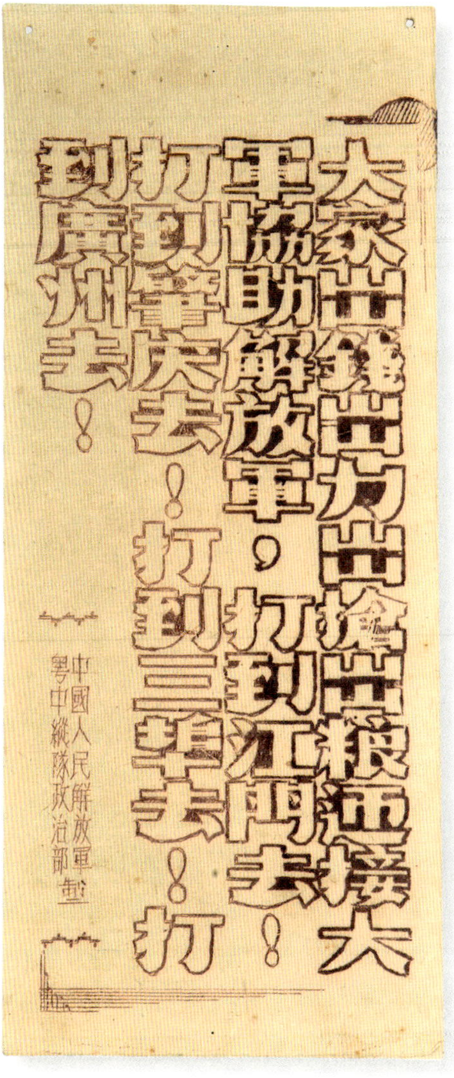

1949年 **中国人民解放军粤中纵队政治部号召民众支援解放军标语**

长 26 厘米，宽 11 厘米

纸质

三级文物

1959 年入藏

标语内容为：

大家出钱出力出枪出粮迎接大军协助解放军，打到江门去！打到肇庆去！打到三埠去！打到广州去！

中国人民解放军粤中纵队政治部制

这是中国人民解放军粤中纵队政治部为了迎接解放军南下大军而制作的标语。

1949年8月1日，中国人民解放军粤中纵队在高明县宣告成立。司令员吴有恒，副司令员欧初，政委冯燊，副政委兼政治部主任谢创。纵队成立后，对原辖支队进行了整编。原广阳支队编为粤中纵队第二支队；原粤中第四支队编为粤中纵队第四支队；原新高鹤人民解放军总队编为粤中纵队第六支队；原粤中人民解放军滨海总队编为粤中纵队滨海总队。新纵队共辖三个支队、一个总队和一个独立团，至粤中区全部解放时发展到1.1万人。

1949年10月，粤中纵队参加广东战役，配合第二野战军第四兵团追歼自广州西逃的国民党军。在华南人民武装部队的紧密配合下，南下大军分左、右、南三路，自粤赣湘边向广东进军。1949年10月14日晚上，广州全市解放。广州解放以后，南下大军和华南地方人民武装对从广西逃跑的桂系敌军进行粤桂边大围歼战，并于12月8日歼灭和俘虏国民党军队3万多人，江门、肇庆相继解放。

作为粤中纵队配合南下大军进军的宣传品，这一标语是广州、广东解放历史的重要见证。

本支隊獨二營第
四連第 排張成達
同志一九四九年三
月十六日在博羅公
庄上坪歼敵戰鬥中,
繳機一挺
立下了人民革命戰
爭中的輝煌功績,經
民主評定,立為大
功功臣,特頒此奬狀,
以示鼓勵!
右給
張成達 同志
中國人民解放軍
粤赣湘邊縱隊東江第三支隊
一九四九年 四月 十日

1949年 张成达立功奖状

长 15.6 厘米，宽 22.3 厘米

纸质

三级文物

2009 年接受捐赠

这件文物为中国人民解放军粤赣湘边纵队东江第三支队张成达在广东博罗公庄上坪战斗的立功奖状。据张成达回忆，他缴获的是一挺轻机枪。奖状上方正中为一红色五角星。具体文字为：

本支队独二营第四连第□排张成达同志一九四九年三月十六日在博罗公庄上坪歼敌战斗中，缴机一挺，立下了人民革命战争中的辉煌功绩，经民主评定，立为大功功臣。特颁此奖状，以示鼓励！

右给张成达同志

中国人民解放军粤赣湘边纵队东江第三支队

一九四九年四月十日

张成达，1926年出生，原中山大学工学院化工系学生。1948年3月在增城派潭游击队参加革命。1948年7月加入中国共产党。1949年3月任粤赣湘边纵队东江第三支队直属独立二大队第四连第一排政治服务员。

解放战争时期，国民党军对江北地区粤赣湘边纵队的军事进攻一直没有停止过。1949年3月初，国民党国防部第二厅独立第二团第二营从增城、龙门跟踪粤赣湘边纵队东江第三支队（简称东三支）第二团主力到了博罗，然后纠集了增城、博罗、龙门地方反动武装共1000余人，尾随东三支第二团进抵何家田、黄竹坳一带。东三支政治委员黄庄平、司令员黄柏主持召开团级以上领导干部军事会议，决定在上坪设伏歼敌。

上坪地处横河与公庄之间，是横河通往公庄、平陵的必经之路，地形为狭长的袋形小盆地，四周是高山密林，是理想的设伏之地。东三支各部队此役毙敌39人，伤敌37人，俘敌营长申江以下官兵185人；缴获八二迫击炮1门，六〇炮2门，重机枪4挺，轻机枪10余挺，枪弹筒8支，长短枪200支，电台1部和弹药物资一大批。东三支指战员5人牺牲，7人负伤。

上坪大捷，给来犯之敌以沉重打击，彻底粉碎了国民党军对江北地区的“进剿”，从根本上扭转了江北地区的军事局面，改变了整个江北地区的局势。这张奖状是上坪大捷的重要历史物证。

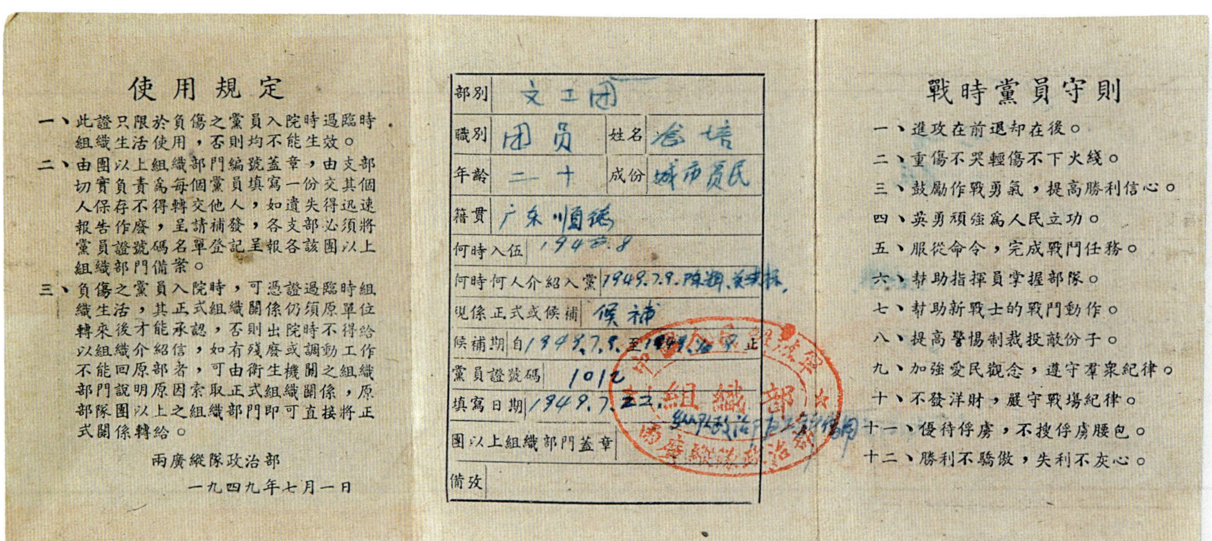

使用規定

一、此證只限於負傷之黨員入院時過臨時組織生活使用，否則均不能生效。

二、由團以上組織部門編號蓋章，由支部切實負責爲每個黨員填寫一份交其個人保存不得轉交他人，如遺失得迅速報告作廢，呈請補發，各支部必須將黨員證號碼名單登記呈報各該團以上組織部門備案。

三、負傷之黨員入院時，可憑證過臨時組織生活，其正式組織關係仍須原單位轉來後才能承認，否則出院時不得給以組織介紹信，如有殘廢或調動工作不能回原部者，可由衛生機關之組織部門說明原因索取正式組織關係，原部隊團以上之組織部門即可直接將正式關係轉給。

兩廣縱隊政治部

一九四九年七月一日

部別	文工团		
職別	团员	姓名	[illegible]
年齡	二十	成份	城市贫民
籍貫	广东顺德		
何時入伍	194[illegible].8		
何時何人介紹入黨	1949.7.9. [illegible]		
現係正式或候補	候補		
候補期	自1949.7.9.至[illegible]止		
黨員證號碼	1012		
填寫日期	1949.7.22.		
團以上組織部門蓋章			
備攷			

戰時黨員守則

一、進攻在前退却在後。
二、重傷不哭輕傷不下火綫。
三、鼓勵作戰勇氣，提高勝利信心。
四、英勇頑強爲人民立功。
五、服從命令，完成戰鬥任務。
六、幫助指揮員掌握部隊。
七、幫助新戰士的戰鬥動作。
八、提高警惕制裁投敵份子。
九、加強愛民觀念，遵守羣衆紀律。
十、不發洋財，嚴守戰場紀律。
十一、優待俘虜，不搜俘虜腰包。
十二、勝利不驕傲，失利不灰心。

1949年 两广纵队中共临时党员证

长 10.4 厘米，宽 23.8 厘米

纸质

三级文物

1959 年接受捐赠

该临时党员证三折，外页最右为扉页，正面上方为红底，左上角为镰刀锤头和五角星党徽，中间有黄色“中共”二字，下方为黄底红字的“临时党员证”。外页中间有一镰刀锤头五角星的党徽标志。外页最左为底页，书有“全心全意为人民解放事业而战斗”。

内页分为左、中、右三个部分。左侧为“使用规定”，其中规定第一条明确：“此证只限于负伤之党员入院时过临时组织生活使用，否则均不能生效。”左侧下方显示临时党员证为两广纵队政治部于1949年7月1日印制。中间为使用人信息登记表，持有人是两广纵队文工团团员龙培。右侧为“战时党员守则”，共有守则12条。

龙培（生卒年月不详），广东顺德人。1948年8月入伍。1949年7月9日由陈辉、关琪标介绍加入中国共产党，暂时为候补党员（即预备党员），党员证号码1012，填写日期为1949年7月22日，盖有“中国人民解放军两广纵队政治部组织部”公章。

这件文物是两广纵队革命斗争的历史物证。1947年8月1日，两广纵队在山东滨县（今山东省滨州市滨城区）正式成立，曾生任司令员，下辖第一、第二、第三团和教导总队，共4800余人，隶属华东野战军。1949年3月上旬，两广纵队转隶第四野战军。1949年9月下旬，两广纵队随第四野战军主力进军华南，经江西赣州于10月上旬到达粤北龙川县，与中国人民解放军粤赣湘边纵队会合，参加解放广东战役。

解放战争时期，华东野战军政治部于1947年印制了一些临时党员证，要求每个党员带在身上，目的是避免战士负伤去医院后，因无法确认身份而不能参加组织生活；同时因战时部队编制经常变动，经常出现临时派一支部队的部分战士去支援另一支部队的情况，有些战士牺牲后，因隶属部队不同，大家互不认识，而无法确认身份。有了临时党员证后，即使牺牲了也能立即确定牺牲战士的身份。

两广纵队当时隶属华东野战军，受命制作了临时党员证发给每一位党员战士。两广纵队文工团团员龙培带着这件文物一路从山东走到广东，于1959年将临时党员证捐赠给广东革命历史博物馆。临时党员证见证了两广纵队的战斗历史，是一件难得的战地文物。

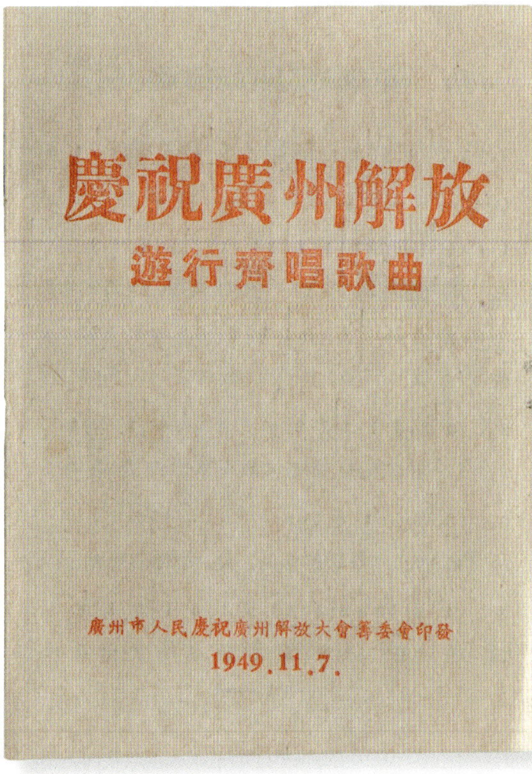

1949年《庆祝广州解放游行齐唱歌曲》册子

长 13 厘米，宽 9.5 厘米

纸质

三级文物

1965 年调拨

封面、封底、书名等红墨印刷，内页黑墨印刷。封面上方有“庆祝广州解放游行齐唱歌曲”，下方有“广州市人民庆祝广州解放大会筹委会印发，1949.11.7”字样。内页印有《中华人民共和国国歌》和《没有共产党就没有新中国》简谱歌曲。封底下方印有“非卖品”三字。

庆祝活动包括两次入城式阅兵和庆祝游行大会。为了确保庆祝大会的顺利举办，成立了庆祝广州解放大会筹委会。1949年11月11日，中国人民解放军举行解放广州入城式暨庆祝广州解放大会。当天，叶剑英等人在广州市政府门前的月台上对部队进行了检阅。参加受检阅的部队有第四野战军第十五兵团、粤赣湘边纵队和广州各界群众20多万人。受检阅部队以军乐队及戴红花的战马为前导，从连新路进入府前路，接受检阅，然后经过吉祥路与在市内的群众会合后，再从惠爱路（今中山四路、中山五路）、永汉路（今北京路）至丰宁路（今人民中路），进行游行。当时，永汉路、西濠口搭起了庆祝广州解放的牌楼，满目皆是红花、花车、彩灯，到处红旗招展，鞭炮齐鸣；秧歌队、花棍队、腰鼓队在游行队伍中络绎不绝，人们一路齐声歌唱着《没有共产党就没有新中国》《团结就是力量》《你是灯塔》等革命歌曲，以无比喜悦的心情庆祝广州的解放，热烈欢迎解放军。羊城人民沉醉在欢庆解放的喜悦中。

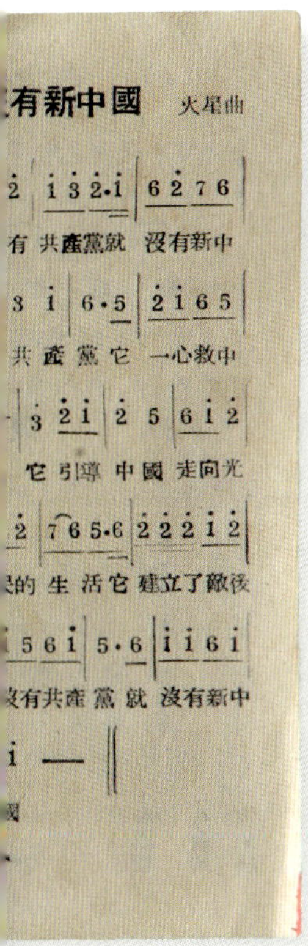

《庆祝广州解放游行齐唱歌曲》册子见证了广州解放及阅兵游行大会等重大历史事件。

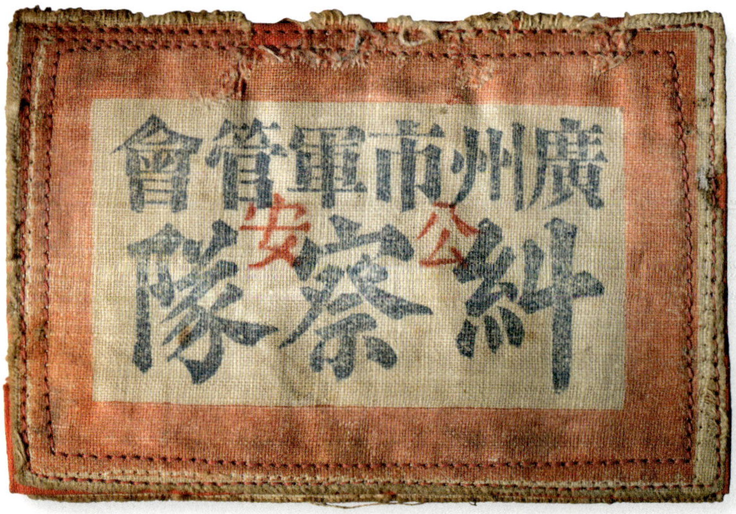

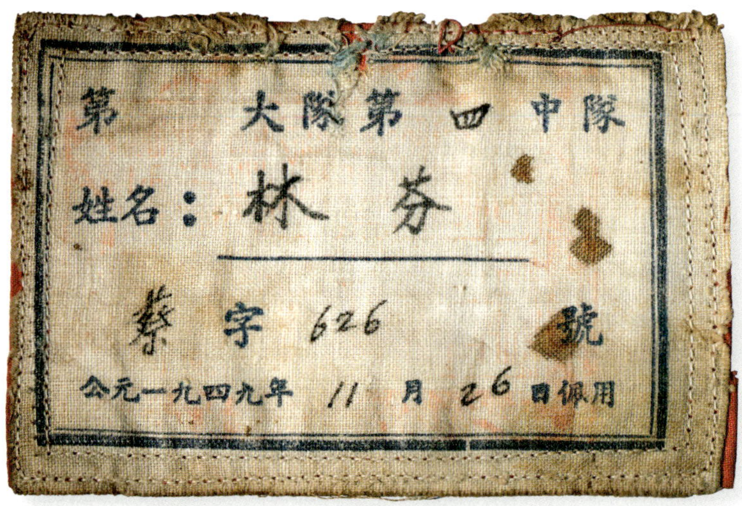

1949年 **广州市军管会公安纠察队布臂章**

长 7 厘米，宽 11 厘米

棉麻纤维

三级文物

2001 年接受捐赠

该臂章上印有蓝色字“广州市军管会纠察队”，中间还有红色字“公安”。1949年10月21日，中国人民解放军广州市军事管制委员会(简称广州市军管会)成立。叶剑英任主任，赖传珠任副主任，肖桂昌任秘书长，杨应彬任副秘书长，方方、邓华、萧向荣、洪学智、曾生、林平、朱光、李章达、吴奇伟、张醁村等人为委员。广州市军管会办公地点在中华北路(今解放路)原国民党行政院旧址(今广东迎宾馆)，下设治安委员会、财经接管委员会、交通接管委员会、军事接管委员会、文教接管委员会、房屋分配委员会、物资处理委员会、外侨事务处、电信接管委员会、卫生接管部、司法接管部、供应部，统一负责全市军事、政治、经济、文化等方面的接管工作。广州军事管制至1953年8月结束。

广州市军管会吸取和借鉴北方城市接管工作的经验，根据“接服从管、系统接管”“一面接、一面管”的原则，组成3000多人的接管队伍，按系统分头接管。一是接管人员、档案、物资，抓紧建立各级人民政权；二是清匪反特，稳定社会治安；三是恢复生产，平抑物价，保障供给，恢复社会秩序；四是处理、遣散、清洗旧人员，特别是收容遣散散兵游勇；五是收缴淫书淫画，荡涤社会丑恶现象。至1949年12月初，广州的接管工作基本结束。

该布臂章是广州解放初期军管会下辖的公安纠察队所使用的，是辨识公安纠察队与其他军管会成员的主要标志。公安纠察队的主要职责是维护社会治安、防范和制止各类犯罪，保障军管会的社会治理工作顺利进行。这枚布臂章是反映广州解放初期社会治理的重要物证。

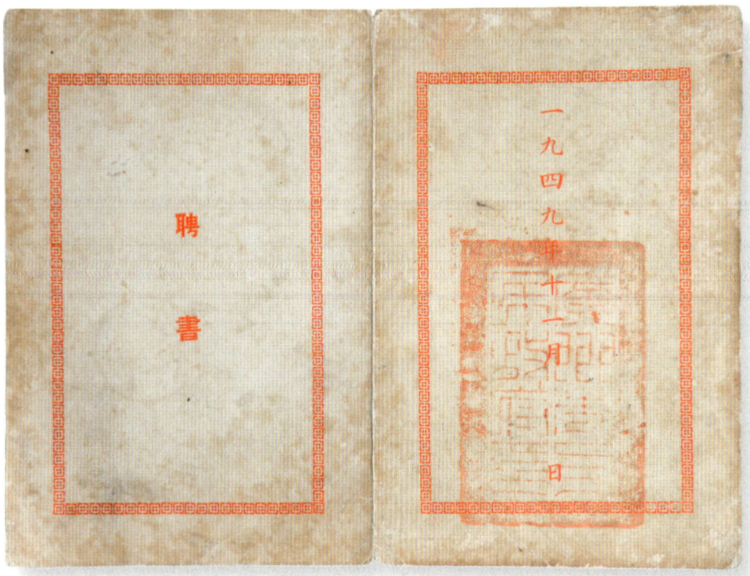

1949年 广州市人民政府颁发给劳永全的聘书

长 19.5 厘米，宽 13.2 厘米

纸质

三级文物

2009 年接受捐赠

这是1949年11月广州市人民政府颁发给劳永全的聘书。聘书上方正中是一个红色的五角星，聘书内容为：

广州市人民政府聘书 第213号

兹聘请劳永全先生为本市各界代表会议代表

此聘

市 长 叶剑英

副市长 李章达

朱 光

梁 广

1949年10月14日，广州解放。11月27日至12月1日，广州市第一届各界人民代表会议召开，到会代表包括各民主党派、人民解放军、工人、学生、郊区农民及各界代表，共368人。大会通过主席团成员有叶剑英、李章达、杜国庠、朱光等，秘书长陈志方。

广州市长叶剑英主持会议并致开幕词和闭幕词；副市长朱光作《广州市人民政府一个月来的工作和今后工作》的施政报告；代表在会上提出关于治安、财经和整顿市内交通等方面的提案321件。会议选举叶剑英为市政治协商委员会主席，方方、李章达、丘哲为副主席，饶彰风为秘书长；还通过缉拿主持爆炸海珠桥惨案的原国民党广州卫戍总司令李及兰的决议等。

劳永全（1927—不详），广东顺德人，中共党员。毕业于广东省高级工业学校，为该校地下学联负责人。劳永全的父亲劳柏秋是国民党军邮少将总视察，但家中子女都参加了共产党组织。广州解放时，因参加广州地下党的秘密外围组织地下学联，参与情报工作、策反父亲起义有功，劳永全被选为广州市第一届各界人民代表会议代表。1988年离休。

广州市各界人民代表会议是人民参与政权建设的机关，在广州市人民代表大会成立之前，代行市人大的职能。该聘书是广州解放初期广州人民在中国共产党的领导下当家作主、参政议政的重要历史见证。

编后记

本图录是广东革命历史博物馆丛书·藏品系列第一本。

革命文物作为一个特殊的文物类型，是革命文化和革命精神的重要载体，具有传承革命文化、弘扬革命精神、光大革命传统的强大功能。为更好发挥博物馆功能，促进馆藏文物资源的整理，将文物信息进一步向公众开放共享，我馆甄选革命文物精品，集众人之力耗时两年，编辑出版这本《广东革命历史博物馆藏革命文物精粹》。

本书是集体智慧的结晶。图录选题、框架最初由李兴国提出。2023年李兴国调离我馆后，李岚接力主编。书稿主要由图书资料信息部诸位同事合力完成：段玉芳、刘思佳负责书稿统筹；刘思佳撰写“梁桂华烈士的修业证书”、《革命画报》等39件文物说明，约2.9万字；彭浩撰写“孙中山广州大本营铜质特别出入证”“孙文石质图章”等28件文物说明，约2.2万字；肖辉栋撰写“广州起义标语”“张云峰烈士绝笔书”等28件文物说明，约2.1万字。李岚最后统稿，易西兵审读了全书。

书稿初成后，承蒙曾庆榴教授、陈弘君研究员、杨琪研究馆员、朱晓秋研究馆员等专家悉心审阅把关，提出宝贵的修改意见。我们在此表示衷心感谢！

文物保护管理部同事苏爱荣、陈春梅、王雨田、张红玉等为图录文物遴选、照片拍摄等提供支持。刘谷子老师拍摄了高质量照片。文物出版社责任编辑李睿、广州六宇文化传播有限公司团队为本书出版付出了辛勤劳动。在此一并致谢！

囿于学识水平，本图录仍有诸多不足之处，祈请方家批评指正。

编　者

2024年6月